公共文化服务与治理研究

朱朝阳◎著

文化发展出版社
Cultural Development Press
·北京·

图书在版编目（CIP）数据

公共文化服务与治理研究 / 朱朝阳著. — 北京 :
文化发展出版社，2023.12
ISBN 978-7-5142-4189-1

Ⅰ. ①公… Ⅱ. ①朱… Ⅲ. ①公共管理－文化工作－
研究－中国 Ⅳ. ① G123

中国国家版本馆 CIP 数据核字 (2024) 第 002795 号

公共文化服务与治理研究

朱朝阳　著

出 版 人：宋　娜
责任编辑：侯　娜　　　　　　责任校对：岳智勇
责任印制：邓辉明　　　　　　封面设计：守正文化
出版发行：文化发展出版社（北京市翠微路 2 号 邮编：100036）
网　　址：www.wenhuafazhan.com
经　　销：全国新华书店
印　　刷：天津和萱印刷有限公司

开　　本：710mm × 1000mm　1/16
字　　数：200 千字
印　　张：12.25
版　　次：2024 年 3 月第 1 版
印　　次：2024 年 3 月第 1 次印刷

定　　价：72.00 元
I S B N：978-7-5142-4189-1

◆ 如有印装质量问题，请电话联系：010-58484999

前言

2017年9月，中宣部、文化部等7部门联合印发了《关于深入推进公共文化机构法人治理结构改革的实施方案》，提出按照政事分开、管办分离的要求，以公共图书馆、博物馆、文化馆、科技馆、美术馆为重点领域，推动公共文化机构建立以理事会为主要形式的法人治理结构，进一步理顺了政府、市场、文化机构之间的关系。为保障人民的知情权、参与权、表达权和监督权，文化和旅游部办公厅联合国家文物局办公室于2019年印发了《公共文化服务领域基层政务公开标准指引》，要求基层政务公开主体应按照决策、执行、管理、服务、结果“五公开”工作要求，主动公开公共文化服务领域的重点信息，确保群众看得到、听得懂、易获取、能监督、好参与。在财政保障方面，2020年6月4日，国务院办公厅印发了《公共文化领域中央与地方财政事权和支出责任划分改革方案》，要求综合地方经济发展水平和基本公共文化服务内容的整体情况，分档按比例确定中央与地方的财政支出责任，以健全公共文化服务财政保障机制。

由此可知，随着“国家治理现代化”实践的不断推进，政府在公共文化服务方面逐渐放弃了包揽服务的体制弊端，开始建立政社合作的互动网络。同时，政府越来越注重民众的文化需求反馈和满意度评价，公共文化治理话语逐渐流行起来。2021年3月，文化和旅游部、国家发展改革委、财政部发布了《关于推动公共文化服务高质量发展的意见》，特别提出要拓展城乡公共文化空间，尤其要加强乡村文化治理，公共文化治理被再次提上日程。

本书共六章内容。第一章为公共文化服务概述，主要内容为公共文化服务的相关理论和公共文化服务标准体系的基本问题研究；第二章为公共文化发展的基本模式，论述了国家公共文化发展的典型模式和地方公共文化建设的创新模式；第三章为公共文化服务多维发展研究，介绍了全国范围内公共文化服务协调发展、提升公共文化服务发展动力水平、公共文化产品供应力度提升以及公共文化服务和科学技术有机融合；第四章为公共文化治理的逻辑理路和制度基础，主要内容包括公共文化治理的战略面向、功能定位和原则，公共文化治理的制度平台以及公共文化服务的组织载体；第五章为公共文化治理的协同机制和保障体系，介绍了公共文化发展的多元协同治理、公共文化治理的实践样态、公共文化治理的多元协同模式、公共文化治理的保障体系；第六章为公共文化服务与治理中的政府作为，主要包括政府公共文化服务职能、公共文化服务体系建设中政府主导作用重构、政府公共文化的政策供给和绩效管理以及政府购买公共文化服务探索。

在撰写本书的过程中，笔者得到了许多专家学者的帮助和指导，参考了大量的学术文献，在此表示真诚的感谢。但由于笔者水平有限，书中难免会有疏漏之处，希望广大同行及时指正。

朱朝阳

2023 年 5 月

目 录

第一章　公共文化服务概述

公共文化服务的起源与政治制度和社会发展紧密联系，主要取决于其在文治、教化方面的功用。本章主要内容为公共文化服务概述，详细介绍了公共文化服务的相关理论以及公共文化服务标准体系的基本问题研究。

第一节　公共文化服务的相关理论

一、公共文化服务的内涵

从本质上来说，文化具有公共属性，为公众服务是其归宿，但是这并不意味着文化的研究范畴同公共文化完全相同。尽管学术界的专家学者对于文化进行了广泛而深入的研究，探究了文化内涵、特征等诸多层面的内容，但公共文化的研究仍处于空白区域，直到哈贝马斯（Habermas）提出了公共领域这个概念，学术界才将目光聚焦到公共文化这一研究领域。哈贝马斯认为，随着市民社会发展，文化生活与经济生活逐渐分开，并由此形成了市民社会的公共领域。人们在这一领域内聚集在一起，讨论关乎经济、政治和文化等共同关注的议题，并因此产生了公共文化。

学术界认为，公共文化属于文化的范畴，并基于不同的研究角度对其内涵和外延进行了界定。从内涵上来说，公共文化是指那些与社会大众普遍共享、具有影响力、被广泛传播和接受的文化形式和内容，它是文化的一种特殊表现形式，具有整体性、公开性、公益性、一致性等文化特征，以培养人们的群体意识、公共观念为宗旨，有助于塑造文化价值观念上的群体认同感和社会归属感，致力于追求文化的和谐发展与文化整合。衡量某种文化是否为公共文化的重要标准就要看其是否注重对共同的核心价值观念的培养，因为这是公共文化区别于其他文化最显著的特征。从外延上来说，公共文化是指具有群体性、共享性等外在公共性特征的文化，该文化的实施离不开文化站、群众艺术馆等公共文化场所以及图书馆、博物馆等公共文化资源的支持，其目的是鼓励群众参与，实现公共文化资源共享。公共文化的外延具有一定的层次性。首先，它建立在共享设施和活动的基础上，这些都是属于公共领域的。其次，公共文化不仅是表面上的物质文化，还包含了更深层的人文意义和精神内涵。

公共文化的外延可以分为三个层面，分别是物质层面、制度层面和价值观念层面。物质层面的公共文化是指公共文化得以在更大范围内传播，并服务于公众的物质载体和物质表现形式，包括公众得以参观的博物馆、图书馆等公共文化设施，以及为提供公众的文化素质而提供的公共文化产品等；制度层面的公共文化是指公共文化精神和公共文化意识的制度表现形式，如为了保障公共文化顺利传播制定的法律法规和立足本国实际制定的公共文化服务体系的制度设计等；公共文化的价值观念层面是指公共文化意识形态和公共文化精神导向，其内容主要涵盖了理想信念、价值观念、道德准则、合作精神、传统文化等多个方面，表现为人文知识和精神文化两种形态。

虽然学术界目前还没有对“公共文化服务”的定义达成一致，也没有形成权威的理论框架和成果，但是有一点是毋庸置疑的，即学术界和政府相关部门已经达成共识，认为公共文化服务与政府公共服务职能以及国家文化事业建设息息相关。公共文化服务不仅是政府公共服务职能的新要求，也是我国文化体制改革的一部分。它既是社会发展中的文化需求，也是政府变革中的文化服务。因而各方对公共文化服务内涵的阐释，主要是围绕着公共文化和公共服务两个角度展开的。

基于以上两个角度，我们可以对“公共文化服务”的概念进行如下概括：提供文化产品与文化服务的公共服务。具体地说，公共文化服务的提供者是公共部门或准公共部门，通过单独或共同生产或提供的方式，向公众提供相应的公共文化产品或服务，以满足人民日益增长的文化需求，保障人民的文化权益，致力于提高公众文化素质和社会整体文化水平。公共部门或准公共部门在提供公共文化产品或服务时要考虑多种因素，一方面要满足公众基本的文化享受；另一方面也要结合社会发展趋势，提供积极向上的产品或服务，以维持社会生存发展所必需的文化环境。

二、公共文化服务的基本特征

一般而言，公共文化服务应具有以下基本特征。

（一）公益性

公益性是指大部分公共文化服务是由政府直接投资，并通过拨付日常经费的方式进行管理。政府的财政来源包括公民缴纳的税款和企业的盈利所积累的资金，实际上这些资金都来自公民和企业。这表明，图书馆、博物馆、文化馆、美术馆、公园、文化广场等一系列公益性文化项目和提供的公共文化服务，是属于社会全体公民共同拥有的。由于这些文化设施是社会共有的，因此它应该由全社会成员来管理。政府在推广公共文化产品和服务时的目标是满足公众基本的文化需求，而不是追求营利。因此，公共文化产品和服务的收费应该尽可能低或者免费，以便更多的人能够享受到这些文化资源。政府提供的公共文化服务，体现了其对人民群众的尊重与关爱，旨在实现社会效益的最大化。公益性文化单位应当以社会效益为重，一直秉持公益原则开展非营利性公共文化服务。

（二）基本性

基本性是指公共文化服务资源应当满足人民基本的公共文化权益需求。政府的文化产品和服务仅限于满足公民日常娱乐、学习等方面的基本需求，不能超出这些范围。对于超过此限度的内容，公众可以自行前往文化市场寻找。

（三）均等性

均等性有如下特点：一是服务内容的同质性。公共文化服务应该普及任何时候、任何地方的民众，且内容应该保持普遍的同质化水平。二是服务对象的全体性。公共文化服务面向的某一国家或区域内的所有民众，不管他是男性还是女性，不管他是少年儿童还是老年人，也不管其处于社会哪个阶层，经济条件是否宽裕，职务是高还是低，都可以平等地享有所有的公共文化服务。三是服务方式的开放性。公共文化服务设施应该对公众敞开大门，欢迎大家前来参与各种活动，提供丰富的文化服务，而且必须接受公众的管理和监督。

（四）便利性

政府应在公共文化服务中占主导地位，定期更新公共文化服务产品，及时修正公共文化设施，以确保人们随时随地都能方便地获得文化服务。只有能够被民众享受到的文化服务才是真正的公共服务。

三、公共文化服务的构成要素

公共文化服务有以下四个构成要素。

（一）公共文化产品的生产者

公共文化服务具有丰富的内涵，公共文化产品作为其重要的组成部分，不仅限于政府生产的产品，还包括市场和社会中的志愿性机构和非政府组织提供的文化产品和服务。这些机构不仅参与管理和调节，而且还接管了传统上只属于政府的职责和功能。它们利用输入资源转化为公共产品和服务，并与政府、市场和第三部门进行协作、共同生产和合同生产。

（二）公共文化服务的供给者

在我国，公共文化服务的供给者以政府为主导，以公益性文化单位为骨干，政府是公共文化服务的“集散地”。政府可以借助法律或道德的强制力，收集资金以支付公共服务费用和向生产者提供酬劳。这可以通过多种方式实现，包括自主提供、委托第三方机构、鼓励社会提供和购买社会资源等，以加强公共文化服务的公益性、平等性、基本性和易用性。

（三）公共文化服务的接受者

公共文化服务的接受者指的是公共文化服务的生产者和提供者所针对和影响的受众群体，有的学者称其为公共文化服务的对象。公共文化服务的对象是社会的所有成员。公共文化服务的内容和形式取决于服务对象的需求。公共文化服务的效率和实施成效能否被认可，关键在于人民的满意度。公共文化服务的对象不仅扮演着消费者、参与者和接受者的角色，同时也对公共文化服务产生影响和反作用。

（四）公共文化服务的中介者

公共文化服务的产生、提供和接受，并不是直接的、简单的交互过程，而是需要通过某些媒介来间接地进行交流和互动。公共文化服务得以传播并深入公众心中，激发公众主观能动性的载体和内容就是公共文化服务的中介者。按照形态的不同，公共文化服务的中介者分为两类：一是“硬中介”，二是“软中介”。其中，“硬中介”主要指公共文化设施和公共文化建设，而“软中介”主要指各种公共文化政策和文化管理制度。需要注意的是，这种划分并不影响其为社会提供公共文化服务的作用和意义。总的来说，公共文化服务的中介者可以被划分为两种类型：文化资源中介和文化制度中介。

第二节　公共文化服务标准体系的基本问题研究

一、公共文化服务标准体系的理论基础

有关研究表明，制定和实施公共文化服务标准体系对于公共文化服务事业的发展具有积极意义：第一，有助于提升公共文化服务的品质；第二，有助于推动文化与科技的交融；第三，有助于公共文化服务体系朝着规范化的方向发展；第四，有助于优化公共文化资源配置，实现公共文化服务的均等化。随着时代的进步，标准化理论、新公共服务理论、文化社会学理论日渐成熟完善，为我们探索公共文化服务标准体系提供了参考依据和理论支持。

（一）标准化理论

标准化理论是对标准化实践活动进行科学总结和概括的成果，其来源于多个行业领域的标准化实践，经过实践验证后又反过来指导和影响实践，促进标准化活动的发展和规范化。[①]标准化理论具有丰富的内涵，不仅包括标准化的客观规律、构成标准体系的要素、运行规则，还包括标准系统的外部联系、标准化活动的科学管理等方面的内容。以标准化理论为指导，有助于我们更加全面地认知公共文

① 李春田．标准化概论：第6版［M］．北京：中国人民大学出版社，2014：11．

化服务标准和标准化过程的内在特点，进而为构建、修订和实行公共文化服务标准体系提供理论支撑。

1. 标准与标准化

（1）标准

标准化理论提供了对标准的科学认识。国际上影响力较大、代表性较强的定义有盖拉德（Gaillard）在 1934 年的著作中的定义、桑德斯（Sanders）在 1972 年的著作中的定义、国际标准化组织（ISO）的标准化原理委员会（STACO）在 1996 年的定义①。我国是 ISO 和国际电工委员会（IEC）的正式成员，2002 年在修改采用 ISO/IEC 指南 2 的基础上，对标准的定义为："为了在一定范围内获得最佳秩序，经协商一致制定并由公认机构批准，共同使用的和重复使用的一种规范性文件。"

（2）标准化

在标准化事业不断发展的过程中，国内外的学者也从不同角度对"标准化"进行了定义。国际上较有影响力的分别是桑德斯定义和 ISO、IEC 联合发布的定义②。我国国家标准中对标准化的定义是：为了在一定范围内获得最佳秩序，对现实问题或潜在问题制定共同使用和重复使用的条款的活动。随着全球经济、技术格局和标准化事业的飞速发展，标准和标准化也不断被赋予新的内涵。各国可能会对标准和标准化作出新的定义，但标准和标准化的本质特征在一定时期内会保持稳定。

2. 标准化的基本原理

国内外标准化专家在对大量标准化实践进行研究的基础上，总结出了标准化的一系列基本原理。国外对于标准化原理的研究成果中具有影响力的是桑德斯的标准化七项原理、松浦四郎的标准化十九条原则。

李春田是我国著名的标准化专家，他用系统论的观点来看待标准，提出了对标准系统进行宏观管理的四个原理：系统效应原理、结构优化原理、有序原理、反馈控制原理③。系统效应原理是指标准系统的效应从组成该系统的标准集合中得到，并且超过了其中所有单个标准的个体效应的总和。结构优化原理是指标准

① 洪生伟. 标准化管理 [M]. 北京：中国标准出版社，2012：27.

② 洪生伟. 标准化管理 [M]. 北京：中国标准出版社，2012：23.

③ 李春田. 标准化概论：第 4 版 [M]. 北京：中国人民大学出版社，2005：67.

系统的结构与其功能密切相关，只有经过优化的系统结构，才能使标准系统发挥较好的系统效应。有序原理亦可称为“熵减少原理”，是指标准系统需要及时减少熵或者增加负熵，才能使标准系统不断向较高有序状态发展。反馈控制原理是指标准系统通过反馈控制机制来实现系统的发展与演化，系统的反馈控制能力决定了系统的发展状态。这四个原理并非孤立地存在和发挥作用，而是相互依存、相互联系，构成一个理论整体。我国学者舒辉对国内外标准化原理的代表性研究成果进行回顾后，将标准化原理总结为：经过协调，使标准化对象达到最佳状态的统一[①]。

3. 标准化的过程

每一项标准化活动，从实践经验的总结，到经验的科学化、规范化和普及化（标准的制定、实施与推广），实质上都是一个“将输入转化为输出”的活动过程。标准化由最重要的三个活动子过程组成：标准的制定、标准的实施、标准实施的信息反馈[②]。标准产生的子过程就是制定标准的过程，即将实践经验和科研成果进行提炼和总结，并将其规范化。标准的实施子过程将标准所承载的信息传递到生产、服务与管理等实践中，指导实践活动按标准正确地进行。信息反馈子过程是收集、分析标准实施过程中的问题，并将有关信息及时反馈给相关组织，以便及时采取优化措施。这三个子过程是标准化过程中最基本的结构要素，每个子过程又包括由更具体的活动组成的子过程。

4. 指导意义

标准化理论可以为准确把握公共文化服务标准、标准化，及其过程管理提供依据。

（1）公共文化服务标准的特征

依据国内外对标准的定义和公共文化服务的特点，可以归纳出公共文化服务标准的五个重要特征：一是制定标准的出发点是在公共文化服务中获得最佳秩序和效益；二是制定标准的依据是与公共文化服务相关的先进科学技术、研究成果和实践经验；三是标准化的对象应为重复性的产品、过程或服务，根据这些对象才能制定相应的公共文化服务标准重复使用；四是公共文化服务标准须由公认的

① 舒辉. 标准化理论与实务 [M]. 北京：经济管理出版社，2000：53.

② 李春田. 标准化概论：第 6 版 [M]. 北京：中国人民大学出版社，2014：38.

权威机构批准和发布；五是公共文化服务标准属于规范性文件。

（2）公共文化服务标准化的特点

根据标准化的概念和公共文化服务的特点，可以总结公共文化服务标准化的三个基本特点：首先，公共文化服务标准化是一个连续不断的过程，包括制订标准、实施标准和修订标准等多个环节，这些环节相互作用、循环往复，逐步提高标准化的水平；其次，将公共文化服务标准化意味着能够实现预期的目标，促进产品、过程或服务的可靠性和有效性；最后，公共文化服务的标准化将促成一种公共服务秩序和规范，以更好地为公众提供服务。

（3）公共文化服务标准化的过程管理

公共文化服务标准化是一个复杂的过程，蕴含多个因素和多种环节，任何要素或者环节的改变都会对公共文化服务标准体系的制定或实施产生影响。以先进的理念为指导，制定公共文化服务标准体系并对其进行科学的管理是确保公共文化服务持续发挥系统效用的重要内容，也是实现公共文化服务标准化的关键问题。实践证明，标准化的基本过程模式可以应用到公共文化服务标准体系的科学管理中，为其提供思维框架。公共文化服务标准化有三个子过程，对于这三个基本子过程，需要采取相应的管理措施以及时发现标准体系实施中的负面效应。这些措施将为标准体系的调整和优化提供依据。公共文化服务标准体系的构建、实施与管理可以借鉴标准化学科领域的理论基石，例如桑德斯的“七项原则”、松浦四郎的“十九项原理”及李春田的“标准系统管理原理”等。

（二）新公共服务理论

1. 基本内涵

新公共服务理论主要由美国罗比特·登哈特（Robert Denhardt）夫妇提出。新公共服务理论的基本内涵如下。

（1）服务而非掌舵

政府的核心职能与私营企业、非营利组织一起，为公共问题寻找解决办法，为促进公共问题的协商解决提供便利。政府的角色应从控制者向服务者转变。

（2）公共利益是目标而非副产品

政府在制定社会远景目标的过程中，应建立集体的、共享的公共利益观念。

通过广泛的公众对话和协商过程，建立具有广泛基础的社会远景目标。

（3）战略的思考，民主的行动

吸引社会各方力量来主动实施计划，而非仅仅依靠政府力量来执行。

（4）服务于公民而不是顾客

公共人员回应的是公民需求而非仅仅是顾客。

（5）政府职责的复合性与多元化

民主公民权和公共利益是政府职责的基础和目的。政府责任是复合性和多元化的，除了法律和政治责任外，政府应承担起一系列的专业责任和民主责任，关注社会价值观、职业标准和公民利益。

（6）重视人而不只是生产率

更加关注人的高层次精神、心理需求，如尊重、包容、信任等。

（7）重视公民权和公共服务

新公共服务理论认为政府为公民所有，公共资源的真正所有者是全体公民。政府应该鼓励公民积极参与政策的制定和执行的过程。

2. 指导意义

新公共服务理论为制定和实施公共文化服务标准体系提供了宝贵的参考和理论支持，因为它强调了民主公民权的重要性，强调了公共服务和公共利益的重要性，关注了社会价值，重新定位了政府职责。这一切都能够被用来指导公共文化服务标准的建立和推进。公共文化服务标准体系的制定与实施过程中，应注重以下方面：①政府应为公共文化服务标准的制定与实施提供良好的政策法规环境；②应鼓励社会各界力量参与公共文化服务标准的制定；③公共文化服务标准的制定应以人为本，体现公众的文化需求，保障公众的文化权利；④公共文化服务标准的目标应为实现公共利益，创造社会效益；⑤公共文化服务标准的实施需要政府和社会各界力量共同参与、共同监督。

（三）文化社会学理论

1. 基本内涵

文化社会学是一门社会学理论，专注于探究文化在社会中发挥作用的规律性。该学科着眼于文化的产生、发展及其对社会产生的特殊影响。文化社会学不仅关注文化在社会中的地位和作用，还研究人们在社会中的文化活动、文化水平以及对文化的需求，因此，对公共文化服务标准体系的制定具有重要的指导作用。

文化社会学是社会学的分支，最早由德国社会学家巴德（Bard）于1897年提出[①]。早期的文化社会学研究者多来自德国、法国、英国等国。Lawrence认为文化研究应当深入生活与消费中去[②]。齐美尔强调文化对于社会发展的意义，绝不亚于经济[③],Scaff对齐美尔的研究成果进行了总结[④]。Fuente指出日常生活正在审美化，审美活动渗透到大众的日常生活中因而超出了艺术的范围，导致了社会组织结构的变化[⑤]。Megill也认为现代社会中的审美活动正在向整个现实世界扩展[⑥]。Lowenthal提出文化社会学具有强烈的批判性，因而推动了研究方法的创新[⑦]。

文化社会学在发展过程中形成了对文化的本质及社会作用的不同理论观点，大致有以下4种：①进化论的文化社会学观点：此派观点有将文化与生物进行类比的倾向，认为文化像生物一样，存在着由简单到复杂、由单质到异质的进化过程，文化史就是人类从低级蒙昧的状态向更高级文明状态发展的历史。地理环境对文化的分布有着类似于对动植物分布的影响，工艺和科技的发展是文化进化的基础，其他因素相对次要。②传播论的文化社会学观点：部分学者从社会因素研究文化的传播，形成了此派观点。他们研究文化传播的过程，把不同地方的相同文化现象解释为传播的结果。他们把文化传播看作是个体交互作用的过程，在现代科学的影响下，愈来愈着重对社会文化结构过程的研究。此派观点对于研究文化的社会功能有着较强的社会学意义。(3）功能论的文化社会学观点：此派观点认为文化的出现是为了满足社会功能的需求，其核心价值在于维护社会规范。文

① 司马云杰．文化社会学［M］．北京：中国社会科学出版社，2007：19.

② Lawrence G. Bringing it all back home: Essays on cultural studies [M]. Durham: Duke University Press, 1997: 4.

③ Swingewood A. Cultural theory and the problem of modernity [M]. London: Macmillan Press, 1998: 23.

④ Scaff L. A. Weber, Simmel, and the sociology of culture [J]. The Sociological Review, 1988, 36(1): 1–30.

⑤ Fuente E. Sociology and aesthetics [J]. European Journal of Social Theory, 2000, 3(2): 235–247.

⑥ Megill A. Prophets of extremity: Nietzsche, Heidegger, Foucault, Derrida [M]. Berkeley: University of California Press, 1987: 2.

⑦ Lowenthal L. An unmastered past [M]. Berkeley: University of California Press, 1987: 164.

化是社会构建的一种工具，其功能的发挥受到社会结构不同层次的限制。文化体系不仅塑造着人们的价值观念，同时也成为人们行为的参考标准。此派学者强调文化模式、社会体系的作用，但忽视了文化的动态演化机制和影响。(4) 心理论的文化社会学观点：部分学者用人类心理的发展来解释文化现象的产生及其作用，形成了此派观点。他们从个人心理出发来研究民族文化的特性，根据个体经验总结出民族文化模式。

2. 指导意义

文化独特的社会作用决定了公共文化服务相对于其他公共服务的特殊性。公共文化服务及其标准化的社会需求、社会效益都可以借鉴文化社会学的理论和观点来进行研究。依据进化论的文化社会学观点，文化也有着从低级到高级不断进化的过程，而工艺和科技的发展是推动文化进化的重要因素。当今世界科技发展日新月异，推动着世界范围内的文化快速发展变迁。文化的进化必然带来公众精神文化需求的变化，进而引起公共文化服务标准的变化。公共文化服务标准体系根据实际需求从较低层级发展到较高层级便是一次升迁。只有及时吸收新兴技术并感知文化发展的变迁，促进文化与科技的融合，才能为公共文化服务标准体系的升迁提供持久动力。公共文化服务标准体系的推广就是一个文化传播的过程，依据传播论的文化社会学观点，社会传播是文化发挥影响力的重要方式，传播的结果决定了文化现象的产生。对公共文化服务的需求是公众的主观心理需求，对公共文化服务的满意度也是公众的主观感受。依据心理论的文化社会学观点，可从个体入手来调查、总结公众的公共文化服务需求和满意度，然后指导相应标准的制定。

二、公共文化服务标准体系的目标与特征

（一）公共文化服务标准体系的总体目标

通过构建公共文化服务标准体系，识别我国公共文化服务标准的缺失和不足，从而填补文化标准制定修订计划的漏洞。通过对公共文化服务的标准需求进行分析，设计一个科学、全面和系统化的公共文化服务标准体系框架，进而推动公共文化服务标准工作的不断提升。重新审视现有标准，结合公共文化服务标准体系

框架，发现并制定急需的标准，以实现对大多数公共文化服务的全程管理和科学控制，确保标准化执行。

（二）公共文化服务标准体系的基本特征

随着标准化事业的进步，标准的数量快速增加，不同标准之间开始自然形成关联，这些相关的标准被整合成标准体系以共同发挥作用。目前越来越多的标准化从业者已经认识到，所有的标准都存在于一个特定的体系之中。这些标准都和该体系内的其他标准，以及与该体系相关的外部标准之间存在着相互作用和约束的关系[①]。我国 2009 年发布的国家标准 GB/T 13016−2009《标准体系表编制原则和要求》中，对标准体系进行了定义："一定范围内的标准按其内在联系形成的科学的有机整体。"由此可知，公共文化服务标准体系是指应用于公共文化服务相关领域内的标准体系，它覆盖了公共文化服务的不同方面，并按照标准化对象之间内在的联系进行组织，具有结构性和系统的典型特征。换句话说，公共文化服务标准体系是一个有机整体，由多个标准化组成，旨在提高公共文化服务的质量和效率。

公共文化服务标准体系的结构性是指标准化对象（如产品、过程或服务）内在的层次结构或过程结构被反映在标准中，每个标准都与其他标准依据标准化对象的层次结构或过程结构进行逻辑关联，进而形成标准体系的特定结构。以某种公共文化服务设备或产品为例，该设备或产品在其结构中包含了四个层次，分别是产品、部件、零件和材料。每个层次又由许多零件组成，每个零件又由多种材料制成。将这种产品视为标准化对象时，会建立起由产品标准、部件标准、零件标准和材料标准构成的四个层次的标准体系。同样地，当将某个特定过程（如图书馆读者借还服务）作为标准化的对象时，就需要规定该过程中每个阶段的标准，而这些标准的制定则构成了标准体系的过程结构。

公共文化服务标准体系的系统性指的是标准体系内各项标准之间的协调和相关性。在制定或修改任何一个标准时，都必须充分考虑其对其他相关标准的影响，以避免标准之间的相互矛盾。只有当各个标准在标准体系中相互配合和衔接，而不仅是单独存在时，才能实现系统效应，达成标准体系整体的目标和作用。

---

① 舒辉．标准化理论与实务 [M]．北京：经济管理出版社，2000：30.

三、公共文化服务标准体系的必要性与可行性

（一）公共文化服务标准体系的必要性

1. 保障公民文化权利的需要

“国际人权宪章”是指《世界人权宣言》《经济、社会及文化权利国际公约》和《公民权利和政治权利国际公约》三项国际人权法律文件。这些文件是国际人权事业的基石，为人民享有文化权利提供了法律保障。这三个国际公约都将文化权作为基本人权之一。1997 年和 2001 年，我国政府分别签署和批准了《经济、社会及文化权利国际公约》，承认了公民在经济、社会和文化方面的基本权利。享受公共文化服务是每个公民的基本文化权利，因此各国政府应该采取积极措施，确保公民的文化权利得到保障，并且让每个公民都有平等的机会来享受公共文化服务。纵观公共文化服务事业发展历程，构建标准化的公共文化服务体系不仅是切实保障公民文化权利的有效措施，而且是我国政府发展的必然趋势和应尽职责。只有制定了明确的服务产品标准、服务行为标准、服务技术标准以及服务结果标准，才能使公民明确自身应享有的文化权利，并依法行使。

2. 文化产业与知识经济的发展需要标准的规范

随着社会经济的发展，物质资料日渐丰盈，生活水平不断提高，公众的物质生活已基本得到满足，与之相对应的是，公众对于精神文化的需求日渐高涨，文化消费在国民经济中的比重逐年上升，已然成为重要的经济增长点，特别是为了缓解贫富差距，促进各民族团结，党中央提出了全面建成小康社会的伟大构想，倡导集合社会力量实现农村贫困人口全部脱贫，为文化产业的发展带来了契机。文化产业是指从事文化产品生产和提供文化服务的经营性行业，它以文化资源作为生产要素进行生产经营，并向大众提供具有文化内涵的产品和服务。我国文化产业囊括了诸如新闻出版发行、广播电视电影、文化艺术、文化信息传输、文化创意和设计、文化休闲娱乐，以及工艺美术品生产等诸多领域。文化产业是 21 世纪的一个朝阳产业，对于推动国民经济的增长起着至关重要的作用。

我国公共文化服务得以快速发展，一定程度上得益于经济的迅速增长。随着国家经济实力的不断增强，政府在提供公共文化服务方面也更有能力投入更多财力。同时，随着时间的推移，文化产业在国民经济中所占的比例越来越大，文化

产品和服务的种类和数量不断增加。国家不断提供更多的公共文化服务和产品，并提高了它们的质量。实践证明，标准是提高服务质量、规范文化事业、推动文化产业持续健康发展的有效途径，这就要求我国结合公众文化需求，制定系统性、集中性和应用性较强的公共文化服务标准体系。

3. 文化与科技融合的现实需求

伴随着科学技术的迅猛发展，云计算、物联网、大数据等新科技广泛应用于各行各业中，并产生了深远的影响，文化产业也不例外，这些新技术在文化领域的应用使得公众的文化需求以及政府对文化产品与服务的提供方式产生了巨大转变。党中央、国务院深刻意识到科技革新带来了不可估量的影响，在全国范围内开展国家科技支撑计划，伴随着倡议的顺利实施，我国在文化科技领域取得了丰硕的成果，这些成果为我国文化科技的全面发展打下了坚实的基础。将信息科技成果应用于公共文化服务中，开展文化艺术、广播影视和网络文化等行业的基础设施、系统集成和服务标准研究，不仅可以提高服务质量，而且有助于促进文化和科技的有机结合，从而全面提升我国的文化科技创新能力。新兴科技成果作用的发挥离不开标准化建设的支持，如果要想最大限度地发挥新兴科技成果在公共文化服务中的作用就必须制定相应的技术应用标准、设施设备标准等。

4. 公共文化服务均等化需要以标准化为基础

“平等”“公正”是社会主义核心价值观的重要组成部分，我国宪法明确规定，公民享有公共文化服务的权利，这就是说，每个公民平等地拥有享受公共文化服务的机会，并有权获得相同的服务。但由于我国幅员辽阔，经济发展不平衡，公共资源分布和人口数量分布有着显著差异，这就导致公共文化服务存在着不均衡问题，如城市和农村地区的公共文化服务大不相同，沿海地区和内陆地区的公共文化服务也有着明显差异。有关研究表明，公共文化服务标准化是实现公共文化服务均等化的有效途径，这是因为结合本国、本地区的实际情况，构建科学合理的公共文化服务标准体系，有助于统一不同地区和机构提供的公共文化产品与服务的种类、数量、内容、质量，确保全国范围内的公民都能够获得公共文化产品与服务，并获得相同的服务效果，从而促进公共文化服务均等化的实现。

5. 孤立的标准难以满足公共文化服务系统发展的需要

近年来，我国已经相继发布了一系列公共文化服务标准，例如《公共图书馆服务规范》以及《博物馆开放服务规范》等，这些标准可以在一定程度上规范和指导特定类型的公共文化服务。公共文化服务是一个多方面的体系，它包含了报纸、书籍、期刊、新闻、广播、电影、电视、戏曲等各种媒介，以及很多娱乐文化活动。而分散的、孤立的标准并不能有效地促进公共文化服务的发展。为了有效规范公共文化服务的整体发展，需要建立一套科学系统、完整的标准体系。这些标准相互依存，相互协调，能够产生系统性的效益。

（二）公共文化服务标准体系的可行性

1. 政府的政策方针为公共文化服务标准化提供依据

随着文化产业在国民经济中的作用日益凸显，我国政府对于公共文化服务事业给予了高度关注，投入了更多的时间和精力用于发展和建设公共文化服务体系，并深刻认识到标准化是推动公共文化服务体系的趋势。受此思想的影响，我国政府颁布了一系列的政策和文件，推动公共文化服务标准化的不断进步。在政府高度重视和积极推进的情况下，我国的公共文化服务体系标准化水平不断得到提升，公共文化服务朝着科学化和均等化的方向发展。

2015 年 1 月，中共中央办公厅、国务院办公厅印发《关于加快构建现代公共文化服务体系的意见》，确立了《国家基本公共文化服务指导标准（2015—2020年）》，对基本公共文化服务的项目与内容、标准的实施与监测、评价进行了说明，并提出要建立基本公共文化服务标准体系。2017 年实施的《中华人民共和国公共文化服务保障法》将社会力量参与公共文化服务首次写入法律；2018 年颁布的《中华人民共和国公共图书馆法》将社会力量参与公共图书馆建设及服务写入法律。2021 年 9 月，《国家图书馆“十四五”发展规划》将“支撑图书馆服务与其他形态公共文化服务融合发展的标准”作为“十四五”重点领域之一，包括全民阅读服务、文化服务体系共建等，将公共文化服务社会化纳入图书馆标准化的视野。可见，我国政府近年来非常重视公共文化服务标准化工作，制定公共文化服务标准体系是贯彻政府方针、政策的急切需要。

2. 标准科学的原理与方法为公共文化服务标准化提供了理论指导

标准化的基本原理并不是凭空出现的，而是人们在长期生产劳动中对标准化实践的总结、提炼和升华，为标准化工作提供重要的指导。为了推动标准化工作的进一步发展，ISO 专门成立了 STACO，越来越多的学者认识到标准化工作的重要意义，纷纷投入标准化原理的研究中，取得了丰硕的成果，其中较有影响力的是英国标准化专家桑德斯提出的“七项原理”、日本学者松浦四郎提出的“十九项原理”、我国学者李春田提出的“标准系统管理原理”。这些原理客观地展现标准化活动的规律，为制定、实施和推广公共文化服务标准体系提供了理论指导。

标准化的方法是指借助一定的方式、手段以实现标准化，它是标准化过程和内容的表现方式，不同的标准化反映出不同的形式和内容，这是因为标准化的目的和对象是各不相同的。标准化的方法是多种多样的，简化是最基本且应用较为广泛的标准化形式。由于产品种类、原材料、公共椅装备等是大不相同的，将简化引用到标准化工作中进行过程控制，对于标准化目的的实现具有积极意义。统一化是将同类事物的多种表现形式合并为一种标准化形式或限制在一个特定范围内，其实质是确保标准化对象在形式、结构、功能或其他特征方面具有一致性，并通过标准固化这种一致性。系列化是将同一系列产品的参数进行系统规划，这是标准化的高级形式。组合化是在遵循标准化原则的情况下，将一系列通用性强的模块组合成不同用途的产品。因为组合化的过程类似于搭积木，一些学者把这种形式叫作“积木化”。除此之外，还有一种新兴的标准化方法，即运用系统分析方法，建立和实施标准综合体的标准化活动。随着时间的推移，学者对标准化的方法进行不懈的探索，使得标准科学的理论和方法变得越来越成熟，这使得它能够为公共文化服务标准化提供科学合理的理论指导。

3. 公共文化服务标准化的管理体制已初步形成

虽然我国并未设立专门的“公共文化服务标准化技术委员会”，但在公共文化服务标准化方面已做好了制度上的准备。2016 年的《文化行业标准化工作管理办法（暂行）》明文规定，文化行业标准化工作实行统一管理、分工负责的原则，由文化部文化科技司统一管理文化行业的标准化工作。公共文化服务并不是一件容易的事，除了文化产业之外，它还需要其他行业和机构积极参与和协作。2014 年，文化部牵头成立了国家公共文化服务体系建设协调组，标志着国家公共文化服务的协调机制正式开始推动实施。由文化部、中宣部、教育部、科技部、国家标准化管理委员会等多个部门共同组成的协调组，致力于推进重大公共文化服务法规、政策、标准的制定、执行和评估等任务。截至到 2015 年，我国已成立 537

个标准化技术委员会，其中有近20个与公共文化相关。这些委员会包括广播电影电视标准化技术委员会、图书馆标准化技术委员会、文物保护标准化技术委员会、中文新闻信息标准化技术委员会、剧场标准化技术委员会、文化艺术资源标准化技术委员会、新闻出版标准化技术委员会、文化馆标准化技术委员会、动漫游戏产业标准化技术委员会等。以上所述的标准化技术委员会负责协调本领域国家标准的制定，并且被多家单位所支持。该委员会组织了一支实力强大的专家团队，为公共文化服务标准的制定提供了人才储备和组织基础。

4. 公共文化服务标准化已取得了一定的成果

目前我国已经有公共文化服务的相关标准20余项，如GB/T 28227《文化服务质量管理体系实施指南》系列标准、GB/T 22528—2023《文物保护单位开放服务规范》、GB/T 28220—2023《公共图书馆服务规范》、GB/T 20647.3—2006《社区服务指南第3部分：文化、教育、体育服务》、GB/T 28221.5—2011《灾后过渡性安置区基本公共服务第5部分：文化体育》等标准。这些标准力求确保公共文化服务的质量和规范性，为建立公共文化服务标准体系提供有用的启示和经验。

第二章　公共文化发展的基本模式

1982年，联合国教科文组织召开了“世界文化政策大会”，这一举措标志着国际社会开始正视广义的文化问题，并将其纳入经济、政治和社会发展战略的讨论中。西方各国确立了文化在国家发展中的重要地位，形成了较为成熟的管理体制和服务模式。英、美、法等国公共文化的发展模式，可以为我国公共文化行政和公共文化治理提供若干理念与实践上的启迪。随着体制环境的转型变迁，我国文化发展模式经历了从“指令型”向“引导型”的转变，开始向“文化治理”的方向演化，呈现与西方国家的文化发展模式相似的特征和发展趋势。本章主要论述公共文化发展的基本模式，详细介绍了国家公共文化发展的典型模式和地方公共文化建设的创新模式。

第一节　国家公共文化发展的典型模式

一、西方国家公共文化发展的制度模式

（一）理论背景

20世纪70年代末以来，西方国家开始了从“无限政府”走向“有限政府”的治道变革过程。当时新公共管理运动的兴起，“公共理论”“公共治理”“新公共服务”等理论日渐成熟，西方国家将上述成果应用到公共行政改革中作为分析框架，取得了显著的成效。这些理论成果不仅适用于公共行政，也为文化行政改革和公共文化发展提供了指导。

公共选择理论的核心是探讨政府与社会之间的关系，提出了破除政府在公共服务领域中的垄断地位、将部分政府职能交由市场和社会承担，以促进公共服务的竞争，提高政府管理和服务水平。公共选择理论在文化发展中应用，就是要在

政府与市场之间寻求某种平衡，强调政府职能与市场机制的互补与协调，通过适度的分权化运作，来提升公共文化服务的质量和效率。新公共管理主要关注公共部门内部的运作和管理问题。在新公共管理理论的倡导下，西方国家文化管理体制改革，强调对政府文化行政部门和公共文化服务部门的企业化运作机制改革，引入企业运作中的质量管理、效率提高、成本控制方法，推进这些机构精简高效地运转。

新公共服务理论是关于政府如何服务于公民需要和社会发展的理念与策略构想，主张公共行政价值应回归“宪政主义”规范，重构公共行政的价值基础。随着新公共服务理论的普及和推广，西方国家的公共文化机构开始更加重视公民的文化权利，并希望通过提高公共文化服务的品质、效率和反应能力等方面来更好地满足公民不同的文化需求。尊重公民文化权利不仅指保障公民平等地拥有享受文化的权利，还包括保障公民的知情权、参与权和监督权。治理理论是公共事务管理中现代民主政治理念的体现和创新发展，旨在探讨公共产品与公共服务供给的方式与体制，希望通过调动各种力量和资源达到公共事务的“善治”。在当代文化发展中应用治理理论，需要注意以下内容：首先，结合实际情况建立以民主参与和民主决策为核心的机制，制定完善的规则制度；其次，鼓励专家学者、民间组织、公民个人等积极参与，特别是在制定重大公共文化项目决策时，要广泛听取各方人士的意见和建议，进而提升公共文化决策的民主化、科学化。

（二）制度模式

西方国家公共部门在公共行政和公共服务改革进程中出现的新潮流，不仅使各国掀起了一场“政府改革”的热潮，而且波及国家文化行政改革和公共文化领域。基于各国的政治文化传统，西方各国公共文化发展呈现不同的取向，其中以“政府主导”“民间主导”“合作共建”为代表。

1. 政府主导型模式

政府主导型文化事业管理模式，强调政府对文化事业发展政策方向的引领、对公共文化建设活动资金的提供、公共文化产品和公共文化服务的生产安排。

法国是“政府主导”模式的典型代表。在法国，政府在文化发展中发挥着组织和促进作用。法国设有政府文化主管行政机构“文化与通信部”，政府通过该部对文化艺术事业进行管理和指导。该部向地方派驻代表，以签订文化协定的契约形式直接管理和指导全国文化事务发展。法国政府建造了许多规模庞大的公共文化设施，如国家图书馆、卢浮宫博物馆等；在文化政策实践中，逐渐建立了文化基金机制。政府在公共文化服务事业的发展中扮演着重要角色，不仅直接拨付资金给文化服务机构支持其开展公共文化服务，同时通过税收减免等政策鼓励社会各界对公共文化事业进行资助。集权、分权、放权的交叉和并存是法国文化发展模式的重要特征。法国在文化系统内，推行适度的分权化改革，倡导各级政府对文化发展责任的担当，鼓励它们制定符合当地实际的文化政策。中央和地方各级政府是推动公共文化服务发展的主要力量，通过中央集权与地方分权的结合，调动地方政府参与文化建设的积极性，鼓励地方政府加大公共文化事业的财政预算，投资兴建地区博物馆、图书馆、影剧院等公共文化场所。在这个过程中，当地政府选举代表来负责管理文化事务，设立民间公共文化机构，在政府的监督下行使文化发展事务的管理权。另外，法国采取了“文化分散政策”，以实现在首都和外省、城市和乡村、市区和郊区之间相对均衡地配置文化设施、资源和活动，以促进文化公正和平衡。尽管法国在公共文化发展方面实行“政府主导”，但这并不意味着政府完全掌控文化发展，一大部分得到政府支持的文化活动是由民间组织来实施的。

这种模式的显著特征是集权、分权、放权的交叉和并存，从而发挥各自的优势。首先，中央集权和地方分权相结合，能够最大限度地调动地方文化事业的积极性，增加对地方文化单位和文化活动的支持。其次，国家干预和市场调节相结合，针对不同文化行业或部门的性质和职能，以合理的方式进行资源配置，以促进各类文化活动有序发展。最后，这一模式的灵活性还体现在集权、分权和放权的多方面运用上，可针对不同情况选择合适的管理方法，确保文化事务管理贴合文化活动的特点。①

2. 民间主导型模式

在“民间主导”模式下，政府部门无须设置文化行政管理机构，而是主要通过法律法规和政策手段来创造有利于文化发展的环境，使民间文化组织能够在这一制度框架内自主发展。政府根据发展规划对文化领域进行财政拨款，资金的支

① 凌金铸. 公共文化行政学 [M]. 上海：上海交通大学出版社，2012：44.

配权掌握在“国家艺术理事会”之类的准行政机构手中。非营利性机构和民间文化社团成为政府提供公共文化服务的主要支柱。①

“民间主导”模式的典范是美国。美国一直坚持自由主义的文化发展传统，主要依靠环境创造、法律规范、政策调控等手段来指导和规范文化组织和活动。在市场环境下，所有的文化团体、组织或机构都可以自由发展和成长，不受限制。通常情况下，政府并不直接运营文化事业和设施，而是通过培养、支持非营利艺术机构来引导和支持文化发展。政府仅提供有限的财政资助给这些民间文化机构。政府在文化发展中的作用是通过制度供给和政策协调来推动，而文化机构则主要依靠市场竞争来实现自由发展。当然，政府在通过中介机构给予文化社团有限资助的同时，注重综合运用市场化的融资手段及适度的财税优惠，动员民间资本参与公益性文化事业建设。为有效保障公民文化权益的实现，政府倾向于资助基层公共文化项目，通过对文艺社团、个体艺术家的资助，引导他们参与创作、展演能吸引民众广泛参与的活动，以此维护公民的文化民主权利。可以说，美国文化发展模式，是在巧妙地利用“开放性”市场策略的基础上形成的，带有古典自由主义的印记。政府主要依靠法律制度而非行政手段来规范文化市场，主要通过经济性优惠政策而非行政拨款来扶持公益性文化单位的发展，有助于社会文化稳定有序发展。

以社会为主导，政府间接引导是这一模式的主要特征。其优势在于：其一，政府在文化发展中主要发挥制度供给和政策协调的作用，文化单位依赖市场实现自由竞争，能有效形成多层次的文化格局，满足公众多样化的文化需要；其二，依靠众多民间文化机构来承担公共文化产品的生产供给任务，实现了公共文化产品最终责任人和生产供给者的分离，能有效提高文化资源配置和公共产品供给效率；其三，政府主要依靠法律制度而非行政手段来规范文化市场，主要通过经济性优惠政策而非行政拨款来扶持公益性文化单位的发展，有助于社会文化稳定有序发展。

3．合作共建型模式

“分权化”模式指的是政府与民间共同合作推进公共文化事业发展的模式。

① 李少惠，余君萍．西方公共文化服务体系综述及其启示［J］．图书馆理论与实践，2012（3）：17—20．

该模式强调政府与民间的伙伴关系，实现公共文化资源的分权管理。政府与民间密切合作，共同分配和管理文化资源，提供文化服务。这种模式的典型特点是在水平方向上强调集权，在垂直方向上强调分权，其目的在于保持政府在“必须干预”和“不能过度干预”之间的平衡，以促进社会文化的持续发展。

分权式文化管理体制起源于英国。在英国，联邦政府的文化行政主管部门为文化、新闻和体育部（简称文体部），其职责是制定文化政策和财政拨款。然而，该部门并非直接管辖文化艺术团体和文化事业机构，而是将具体管理事务委托给准自治的非政府公共文化机构，如英国艺术委员会、工艺美术委员会、博物馆和美术馆委员会等。这些机构负责对艺术团体进行评估并拨款。各类非政府公共文化机构通过具体分配拨款形式，为全国各个文艺团体、机构和个人提供资助，从而构建了全社会文化事业管理的网络体系。在英国，文化管理的核心是由非政府的公共文化机构组成。它们与联邦政府文体部之间并没有行政管理关系，而是通过政府拨款的方式来协调政策，这些公共文化机构能够独立运行且与政府保持一定距离。而文艺团体则通过非政府公共文化机构获得政府的财政支持，与政府主管部门也没有直接的行政领导关系。在这种管理体制下，三级文化机构通过统一的文化政策联系在一起，但各自却保持着相对独立性。每一个文艺团体都需要通过文化艺术理事会接受政府的财政资助，因而与政府保持着一定的距离，并不形成行政隶属关系。即便如此，政府仍可以通过财政资助实现对重点文化项目和文化发展目标的引导和调节，从而从宏观上实现对民间文艺团体的管理。

这种模式的典型特征是在横向上强化集权，在纵向上实行分权。这样做的目的是在政府必须介入但又要避免干涉过度的情况下取得平衡，进一步推动社会文化的不断发展。一是横向上的集中管理。根据“一臂之距”原则，国家文化艺术事业由中央一级的文化主管部门负责统筹规划和协调。该部门将制定并执行国家文化政策，以促进全国文化建设的协调发展。二是纵向上的分权管理。政府在纵向上加强对文化领域的分权管理，将政府文化管理权限分散给非政府公共文化管理机构，并将国家一些文化管理权限下放给地方政府，有效调动了各方力量参与文化管理和运行的动力。三是间接管理，即政府文化主管部门只进行宏观政策指导和财政拨款，不直接干预具体的文化事务和经费分配，这样就保持了文化单位的组织活力。

（三）共性特征

一直以来，发达国家确立了文化在国家发展中的重要地位，并形成了较为成熟的管理体制和服务模式。发达国家的公共文化发展模式确有其各自特点，但通过各自的独特性，依然清晰可见其共同之处——均建基于政府一市场一社会“三分法”框架之上，强调在实现公民文化权利的价值指引下，采取适度分权化的运作模式，建立民主化的“共同治理”结构。

其一，关注公民文化权利和公共文化发展的“治理”。大部分西方国家的文化行政模式以民主制度为基础，注重维护公民的文化权利，并致力于实践“有限政府”管理理念，以适应成熟市场经济体制的需要。因此，西方国家大多以文化管理部门和艺术理事会为核心，以鼓励社会赞助、捐赠、参与文化建设为辅助，形成一种政府、社会、市场、个人共同参与的“共同”治理模式。这种政府—专家（精英）—民众（社会）共同参与文化事务管理的模式，不仅确保了广泛的社会参与，同时也保证了政府文化决策具有科学性和民主性，有助于加强政府和其他公共管理主体的交流合作，有助于政府和其他公共管理主体共同提供公共文化产品的“多中心治理”模式的构建，进而实现了公共文化服务供应的多元化和社会化布局。

其二，注重公共文化行政适度的分权化运作。西方国家在实现社会文化宏观管理方面始终秉承“分权”和“一臂之距”原则。文化管理的“分权”旨在下放权力，让不同地方自治地管理、扶持和发展文化，激发地方及基层文化艺术组织的积极性和活力，以此有效确保国家文化政策目标的实现。“一臂之距”，即在政府文化行政系统之外设立自治的公共文化机构，通过它们来实现公共文化资金的分配方式从封闭的国家定向分配制度变为开放的国家文化基金制度，并建立新型的纽带关系，加强国家文化行政与各类公共文化服务机构之间的合作。通过实行“分权”和“一臂之距”管理原则，政府不再垄断文化行政管理，而是充分发挥非政府公共文化机构的自主管理作用，实现文化事业的“管办分离”，和政府对文化领域的宏观管理。当然，由于各国的政治文化传统不同，因而其分权化与社会化程度存在差异。

其三，建立市场导向的公共文化事业财政资助模式。西方国家公共物品供给机制一开始就建立在市场经济基础之上，相应的公共财政体制是一种符合公共经济学原理的财政资助方式。在公共文化事业发展中，公共财政起着至关重要的作用。随着时代的进步，文化资助方式发生了巨大转变，朝着社会化、多元化的方向发展，由中央政府直接拨款转变为中央与地方、政府与市场、直接与间接相结合的混合资助格局。以美国为例，政府不再直接对文化机构进行拨款，而是通过一些社会组织，如国家艺术基金会和人文基金会等对非营利性文化机构提供赞助。此外，政府通过减免税收等优惠政策，鼓励个人和企业向文化艺术组织捐赠。另外，政府通过资金匹配的方式实施有限拨款，这种方式促进了联邦、州、地方乃至整个社会对艺术事业的共同支持。

其四，重视文化公平和公共文化服务均等化的实现。西方国家对于公民的文化权利给予了高度重视，它们认为公共服务均等化是公民理应享有的社会福利权利，并将之作为基本的施政纲领。为了实现区域之间、城乡之间的文化平衡，西方国家致力于公共文化服务的均等化，特别关注将公共资金、文化设施、文化资源和文化活动平均地分配到全国各地，以此促进公共文化服务的平等化。政府也在资助基层社会的文化项目和中小型文化单位以及民间艺术家。政府重视资助能让更多的民众参与文化艺术项目和活动，以此确保公众平等享有公共文化的权利。

二、中国文化事业发展的制度变迁

文化是人类历史的沉淀，是人类文明的重要构成，包含着丰富的内容结构：一种是作为“政治”的文化，主要以意识形态的属性存在，被赋予政治意义；一种是作为“经济”的文化，主要以文化产业的属性存在，具有经济价值；另一种是作为“文化”的文化，主要是作为公共精神的属性存在，具有公共性和服务性。三种文化存在形态的理论表述，分别是“文化领导权”“文化生产力”和“文化权利”。事实上，我国文化发展模式的演变，与人们对“文化”内容结构的认知偏好及一定时期的体制环境相关。我国文化发展模式，实现了从“指令型”向“引导型”的转变，并呈现向“文化治理”演化的态势。

（一）“指令型”体制模式

中华人民共和国成立后，为了巩固新生的国家政权，党和政府通过各种途径、采取各种方式实现对社会的有效整合。“指令型”文化发展模式是在革命环境中生长、在计划经济体制下造就的，根本目的在于集中文化资源、掌握意识形态主导权以应对国内战争和巩固新生政权的需要。文化被赋予强烈的政治意义和政治内涵，忽视了文化的社会属性和人文价值。受意识形态导向和计划体制的影响，我国文化事业的发展表现为一种自上而下的管控模式，即政府投资、政府运营、政府控制。从中央→地方→基层，建立了层层节制的组织体系，形成了垂直领导的管理格局，最终形成了“全能型”的体制。

在这种体制下，公共文化事务实际上由两类主体来承担：一是各级政府、街道办事处、居民委员会（村民委员会）；二是专业的文化机构，包括文化管理部门及其管辖下的文化馆（站）、图书馆、博物馆、美术馆等。政府在这种组织结构中采用“由内而外”的方式制定文化发展策略，配置社会文化资源并提供公共文化产品；而作为社会主体的公民，不能参与公共文化活动的决策过程，其文化需求及其满意度的表达也难以对行政活动产生激励和约束作用。“指令型”模式下，政府是不可替代的核心主体，权力运行更多的是从政府到社会的单向的、不可逆的过程，而非可逆的、非双向互动的过程，呈现“计划政治”的体制特征。①政府包办一切社会文化活动，政府通过指令性计划和行政手段对文化发展实行全面而直接的控制，完全排斥文化市场和社会力量的参与。

“指令型”发展模式下，从中央到地方形成了一个层次分明而又条块结合的文化行政网络。通过层层节制，实现了对文化系统的全面管控，对外来文化进行有效的鉴别，从而有助于维护国家的文化安全；这种集权型的体制模式，能够有效动员和整合各种社会资源，有助于在短期内培育出文艺精品。需要注意的是，文化本身拥有多维价值和多重功能，这种模式通常将文化作为政治宣传的工具，片面强调文化的意识形态属性，反而忽视文化本身的价值独立性，在一定程度上限制了公益性文化事业的发展。事实上，文化产业作为国民经济的重要组成部分，以满足人们精神文化需求为宗旨，理应受到重视，如果我们忽视这一点，不仅会严重影响文化产业的有序发展，而且还会限制民间文化社团自由成长的制度空间。

（二）“引导型”体制模式

改革开放以来，我国的经济体制已从计划经济逐渐向市场经济转型。这种转

① 孙广厦．地方治理主体的良性互动关系建构——在中国语境下的阐释与思考［J］．人民论坛，2010（32）：48—49．

变改变了文化系统和文化单位所依赖的社会基础机制，原先计划体制下文化单位所强调的“文化事业社会公益性”价值，在市场体制下变得模糊，需要重新考虑如何分割竞争性和非竞争性领域，公益性文化事业和经营性文化事业。与此同时，传统全能型文化行政模式的缺陷也暴露无遗，其要害就在于过分迷信和依赖政府的作用，而又完全否定市场和其他社会力量的价值。在此背景下，计划体制下确立的政府指令型文化体制的转型势在必行。

计划体制向市场经济的转变，拉开了文化发展体制转型的序幕。1979 年，广州东方宾馆率先在国内推出了音乐茶座的新概念，此后，各大城市陆续开设了多家提供歌舞表演等营业性文化活动的场所，预示着我国文化市场初具雏形。1983 年，广州白云宾馆歌舞厅悄然出现，一些国有文化单位开始实行文化改革，通过开展丰富多彩的活动，增强其文化实力，一些文艺表演队试验引入承包责任制，从而逐渐开启了文化体制变革的序幕。而后，党的十四大确立的建立社会主义市场经济体制的改革方向，为文化产业发展增添了新的活力。2000 年我国政府首次提出“文化产业”概念，破除了长期以来对文化属性的片面性认识，反映了对文化发展规律认识的深化。党的十六大关于文化的“二分法”，明确了文化事业和文化产业应该“两轮驱动”、共同发展。

从文化市场到文化产业，再到文化事业与文化产业“比翼齐飞”，表明国家文化发展理论认识的深化，集中反映了我国文化建设实践的持续推进。在此过程中，全能型行政模式逐渐被打破，政事不分、政企不分的问题得到全社会的关注，政府和市场的职能边界逐渐清晰化。同时，文化事业单位的双重属性和双重职能的问题，条块分割、地区封锁和城乡分离的问题也得到了制度回应，相对成熟的引导型文化发展制度得以建立。其间，政府从“无所不为”转变为“有所为、有所不为”。经营性文化产业领域主要依靠市场机制来配置资源，实现对市场供求的调节和文化生产力的布局，政府只是履行市场监管和宏观调控的职能。公益性文化事业领域，公共文化服务以国家供给为主，社会供给为辅。政府供给在体制上实现了“掌舵”与“划桨”和“提供”与“生产”的适度分离，政府主要承担发展规划、政策扶持、业务监督等责任，以促进公共文化资源的均衡配置和公共文化建设的可持续发展。

（三）“治理型”模式

在应然意义上，公共文化建设是以保障公民文化权利、实现公共文化利益为归宿的，依赖于公民的广泛参与并以集体行动促进文化权益的实现。现代社会，公共利益的实现依托治理来达成。在公共文化治理中，民主参与是至关重要的一个目的，是促进公共利益形成和实现的有效形式。引导型文化发展模式，注重发挥文化市场主体（文化企业）和公益性文化事业单位的微观主体作用，较为充分地发挥了政府和市场的作用。但健全的公共文化发展模式，仅仅依靠政府和市场是不够的，还需要适当发挥政府和市场之外的公民社会组织（或称非政府组织）的作用，它们对促进文化行政模式完善的意义不亚于市场对推动文化行政模式转型的意义。

公共文化作为全民普惠性和价值导向性的公益性事业，其发展自然要尊重并保障公民完整的文化权利。政府主导型模式“因无法保障农民相对完整的文化权益并因此一定程度上削弱政府在农村社会的合法性基础而受到质疑”。[①] 为适应民主化发展的要求，多元参与、合作治理应当成为公共文化建设模式转型的基本方向。一方面，这种模式因为能更好地促进公民文化权利的实现而与现代社会“文化民主”潮流相一致；另一方面，这种模式因为能有效提高公共文化服务的质量和效率而成为实现“文化民生”的重要途径。在公共文化建设中，政府应该有效挖掘民间资源、动员社会力量、利用市场机制，寻求与社会、市场的有效合作，形成多种要素整合配置、多元力量良性互动的公共文化发展模式。这种模式，“要求公共文化发展的各种要素都围绕公民文化权利实现这一中心目标展开，形成‘目标一致、各有侧重、要素联动、优势互补’的动力组合”[②]，建立互动参与、协商对话的制度框架。

近年来，我国公共文化服务及其组织体系正在从计划经济体制下单一的组织体系向市场经济体制下多元的组织体系转变。在此过程中，现代社会的三维要素——政府、市场、公民社会处于彼此依赖、互动合作的“治理网络”中。这个治理网络中，文化行政部门、公益性文化事业单位、文化企业、民间文化社团和

① 张良．政府主导、社会参与、市场配置：农村公共文化服务体系建设的理想模式 [J]．理论与现代化，2012，(4)：25—30．

② 金民卿．构建多种文化发展模式 [N]．中国社会科学报，2011—11—08 (7)．

公民个人等多元主体结成互助合作、协同创新的关系，形成文化管理主体间的结构生态，并将建构起多元参与、协同治理的运作机制。这种“治理型”的文化发展模式，代表着我国文化发展模式变革的基本方向。

第二节 地方公共文化建设的创新模式

公共文化是具有整体一致性、价值导向性和全民共享性的文化形式。我国一些地方在公共文化建设中，因地制宜、积极探索，拓展了公共文化建设的领域和范围，形成了与时俱进的创新之举。分析各地公共文化建设的典型实例并发掘其成功经验，可将其在机制层面归纳为区域文化联动、城乡文化互动、创新机制驱动三个方面。

一、区域文化联动

“区域文化联动”以整合区域文化资源为手段，旨在建立区域文化共建、共创、交流、互动、互惠的机制。区域文化联动是苏州市吴江区首创的。吴江区地处江、浙、沪交汇处，作为经济发达地区，吴江区经济、社会发展迅速，城乡一体化进程较快。在这种背景下，吴江区通过开展区域文化联动，积极调动区域内群众参与文化建设的积极性，有效促进了区域文化资源的有效整合，在公共文化产品供给、公共文化服务机制等方面，进行了富有成效的探索。从最初“三镇联动”探索，发展到覆盖全市的“十镇联动”，再拓展到“长三角区域文化联动”，吴江“区域文化联动”成效显著、影响广泛，已被列为首批“国家文化创新工程项目”。

吴江在“区域文化联动”中，采用了政府主导、乡镇投入、企业赞助、社会参与的多元化方式。在“区域文化联动”项目实施中，吴江区宣传、文化等部门把区域文化联动列入重要的议事日程，对整个项目进行总体规划，并对项目活动做出具体安排；各乡镇在活动前成立专门机构，负责宣传动员、组织协调、制订方案，并给予经费支持。各镇文化站积极组织群众参与文化创作、开展文化演出。区域文化联动除了由宣传、文化部门共同主办外，还吸引司法、卫生、劳动保障等政府部门参与，同时通过企业形象展示平台，吸引中国联通、中国移动、农村商业银行等企业参加，形成了多部门合作和社会参与机制。如今，吴江区在文化建设上形成了自己的特色，芦墟镇的芦墟山歌文化、盛泽镇的丝绸文化、平望镇的广场文化、同里镇的宣卷文化和旅游文化、桃源镇的少儿书画和黄酒文化等，都已成为文化品牌。

吴江的“区域文化联动”，既包含了政府资源向基层的集中提供，也包含了城乡之间交互式供给。吴江“区域文化联动”，节目内容广泛、活动形式多样，不仅在内容上突出了先进文化的内涵，节目内容新颖、健康、向上；而且在形式上创造了大型文艺巡回演出平台和流动演出机制，把寓教于乐的节目直接送到田间地头。区域文化联动突破了以行政区划和职能部门为界限配置公共文化资源的体制限制，实现了区域内外文化资源的整合配置和共享利用，有效满足了社会大众多样化的文化需求，并为地方经济社会发展提供了强大的精神动力和智力支持。区域文化联动是多部门、多行业、多层面的文化大联动，党委、政府、文化单位、企业、公众等各方面力量共同参与文化建设，实现了各方力量的聚合，使得项目的实施有了可靠的动力和保障，让老百姓享受到了丰盛的文化大餐。

现如今，区域文化联动已经成为推动公共文化建设的重要形式。甘肃张掖—青海西宁区域文化联动，以“多彩张掖·绚丽西宁”为主题，拉开了两地公共文化共建共享的序幕，开启了公共文化示范区创建经验交流的新机制。天津河西—山西晋中区域文化联动，以联合举办文化交流专场演出的方式，促进两地优秀文化资源交流与共享，推动公共文化示范区与示范项目之间的文化交流互动，丰富了群众的业余文化生活。无锡—嘉兴区域文化联动，通过开展形式多样的文化巡展、举办文化建设经验交流会，突出了两地的亮点和特色，推动了区域公共文化融合发展。“滨海双辉”厦门—青岛区域文化联动，体现了双城互动、资源共享、交流合作的公共文化建设新格局。区域文化联动，激发了大众的文化参与意识和文化创造热情，拓展了区域公共文化建设的空间和途径，是推进公共文化建设的抓手。区域文化联动，开启了地方文化建设的新思维，创造了区域文化交流、合作、共建、共享、互惠的新模式，应当在总结经验的基础上加以推广。

二、城乡文化互动

“城乡文化互动”旨在通过整合城乡文化资源，统一规划，协调发展，建立城乡文化共建共享的新机制，以促进城乡文化一体化发展。城乡文化互动是由重庆较早创设的。为推动城乡文化共建共享，促进城乡文化协调发展，重庆市委宣传部、文化广播电视局策划组织了“渝州大舞台”城乡文化互动工程，通过“城市文化下乡”和“农村文化进城”两大板块，着力促进城乡文化的互动与交流。

重庆的城乡文化互动工程，采取“精品剧目与综艺节目相结合、文化下乡与文化进城相结合、市级院团与区级院团相结合、国有专业院团与社会民营院团相结合”的原则，大致分“城市文化下乡”和“农村文化进城”两大板块。演出期间，各参演院团在深入调查了解农村、社区群众文化需求基础上，编排出一批批时代气息浓郁、生活气息浓厚的优秀剧（节）目，安排了知名艺术家和骨干演职人员参与演出，把丰富多彩的精神文化大餐送进了千家万户。与此同时，将具有地方特色和民俗特色的文艺节目搬上城市“舞台”，丰富了都市文化元素，不仅让市民欣赏原生态艺术，也让他们了解到乡村正在发生的变化。

在推进城乡文化一体化发展中，山东寿光坚持文化均衡、互动共享原则，着眼于文化设施的空间布局和功能配置，通过规划“城市核心文化圈”“城郊辐射文化圈”“乡村特色文化圈”三个资源整合、功能协同的“10分钟文化圈”，形成了以市级公共文化设施为龙头、镇（街）文化站（中心）为纽带、村文化大院为基础的三级公共文化服务网络。在文化资源共享配置上，依托“四个网络”纽带，为文化均衡发展搭建起信息平台，整合城市文化资源向农村延伸辐射，带动文化资源“互管互动”。党员远程教育网将与农村生产生活相关的“课堂”办到家门口；信息资源共享工程着力实现城乡信息资源、文化娱乐的共享；农业网络视频咨询服务系统，通过网络提供对农业生产的技术支持；民声互动系统直接连通政府与民众，实现两者的交流互动。在公共文化组织形式上，以农圣文化节、“和谐四季”系列活动为平台，开展了多项城乡联合举办的文化活动，实现城乡文化的交融互动和共建共享。

城乡文化互动，以促进文化权益的“国民待遇”为目标，以统筹城乡、全民共享为原则，建成面向基层、重心下移的文化设施网络体系；通过文化资源的统筹调配，促进文化资源向基层和农村延伸；通过文化活动的城乡互动，实现“文化下乡”与“文化进城”的结合，从根本上消除城乡文化的二元分割体制。近年来，各地在城乡互动先行地区的示范带动下，确立了城乡文化一体化发展的思路，致力于“以城带乡”与“以乡促城”的结合。第一，在充分利用城市文化资源的基础上，合理规划农村文化场所，完善基层文化设施，提供公共文化信息，开展文艺创作指导，推动文化服务向农村延伸，建立城市反哺农村的机制；第二，加强宣传乡土文化艺术，开发利用民间传统文化资源，并致力于打造地域特色文化品牌，以促进文化旅游的整合发展，积极推动乡村文化走向城市，展示乡土文化的清新和淳朴韵味。通过促进城乡文化交流，缩小了城乡文化之间的差异，探寻城乡文明的契合点。

在城乡文化互动中，湖南省长沙市组织开展了群众文艺“百团会演”活动，实施“进村入户”工程，开展送戏、送电影、送图书、送展览、送讲座、送文艺节目、送文化辅导下乡，推动文化资源城乡共享、文化活动城乡共建；推动“因地制宜、一地一品”品牌活动，通过“好戏天天演”“文化橘洲”“湘江韵律”等活动品牌，形成了市区联动、城乡互动的格局；深化“阳关娱乐·创业兴文”活动，积极引导文化企业参与公共文化服务，探索文化市场反哺公共文化服务的新路径。浙江平阳县组织开展了“文化走亲”活动，以县文化馆、图书馆、各乡镇文化服务中心、社会文艺团体等单位为主体，通过文艺演出、展览、讲座、论坛、赛事等形式，采取“走出去，请进来”“村社结对”相结合的方式，组织到县外、各镇乡、基层文化礼堂开展文化交流活动，使“百姓演百姓看”成为常态。内蒙古东河区以“放歌草原·书写百姓”主题文化为蓝本，组织开展了多场农村文化大院与群众艺术团体的互动演出，丰富了基层群众的文化生活，促进了城乡文化的互动交流。广西兴安县开展了以“城乡欢歌，唱响和谐”为主题的城乡文艺互动互访活动。一方面，组织专业文艺工作者以农村生活为题材，创作群众喜闻乐见的歌舞、小品、相声、快板等节目，通过文化下乡服务，满足农村群众的文化需求；另一方面，通过业余文艺队表演大赛，激发乡镇业余文艺队伍进城参加文艺表演，实现城乡文化的双向互动。

三、创新机制驱动

（一）公共文化服务外包机制

公共文化服务外包，就是通过契约方式，政府将自己应承担的服务项目以付费的方式外包给具备资质的文化事业单位、文化社团或文化企业来承担，以提高公共文化服务的质量和效率。这种机制，通过文化组织专业化、精细化的管理，能有效解决政府直接管理公共文化设施所带来的投入大、成效低等弊病，提高公共文化设施的有效利用率和服务辐射功能，更好地保障人民群众的基本文化权利，实现公益性功能与市场化运作的结合，提升基层政府公共文化服务的绩效。

宁波市鄞州区积极探索创新公共文化服务机制，推行了“天天演”文化惠民工程。通过向专业文化公司——和盛公司集中采购，政府文化部门为全区民众提供演艺服务，开创了公共文化外包新模式。鄞州区“天天演”文化惠民工程以实现“人人享受文化”为目标，积极探索政府与市场联动推进新型公共文化服务机制。在农村，鄞州区邱隘镇的文化事业也采用了市场化运作模式。

宁波市鄞州区“天天演”文化惠民工程，坚持公益、公众、普惠、均等的原则，围绕“人人享受文化”的目标，创造出“政府采购、公司运作、全民享受”的服务外包机制，是基层公共文化服务外包和政府采购的成功范例。在运作中，“天天演”立足基层、面向群众，不断完善节目采购模式，创造出“三导向”的采购原则：一是坚持市场导向。“天天演”采取公开招标方式，拓展节目采购渠道，通过市场选择机制保证了节目的质量，使定向采购转向多元化采购。二是坚持公众导向。节目采购在发挥意见反馈的同时，强化采购前的民意征集，通过需求表达和意见征集，既保证了民众的知情权和表达权，也保证了所采购节目的供需匹配。三是坚持专业导向。为保证节目采购的专业水准和艺术品位，邀请文艺专业人员参与决策过程，实现采购小组人员构成的多元化，发挥第三方在决策中的主导地位，保证了采购决策的科学性、合理性和公正性。除公共文化服务外包运作外，鄞州区通过吸纳民间资本冠名赞助，实现了公益性文化活动的有限市场化运作；通过对部分文化场馆“两权分离”的运营改革，以公开招标的方式，委托专业化运营企业进行管理，提升了公共文化设施的使用效益。

通过政府采购和服务外包，公共文化服务的服务模式已经从传统的“政府选择、政府供给”转变为更加灵活多样的形式。公共文化服务的提供方式已经从政府独家提供变成了政府主导的竞争性服务，借助社会力量的参与和市场机制的介入，使得公共文化服务的质量和效率得到了大幅度提高。在此过程中，公共文化服务供给与生产的职能分离，促使政府角色的根本转变，公共文化的“管办不分”

逐渐转向“管办分离”，政府主要发挥“掌舵”功能，“划桨”则由市场力量来承担。各地在公共文化建设中，引入项目招标等竞争机制，对一些农村公共文化产品、公共文化项目、公共文化活动，采取政府采购、项目补贴、定向资助等，通过竞争改善公共文化服务绩效，创造出文化直通车的文化配送方式。实现公共文化服务的市场化运作，并不是要“化公为私”，而是期望通过市场化的运作盘活公共文化资源，实现其整合调配和有效利用。事实上，竞争网络的形成是市场化的核心所在。政府作为改革的推动者和组织者，是须臾不能缺位的，需要强化政府对市场化的管理能力、增强政府对核心公共服务的管理责任。这样，市场化运作将在公共文化公益性的前提下展开并保证在正确的方向发展。

（二）公共文化建设的内生机制

近年来，各地采取不同形式的“文化下乡”活动，丰富了农村群众的文化生活。尽管政府推行了“文化下乡”计划，但该计划未能成功挖掘农村中丰富的文化资源，也未能充分发挥农民在其中的主导作用。随着农民文化需求的全面释放，蜻蜓点水式的“文化下乡”已远不能满足农民的文化需求。农村是我国传统文化的发源地。政府可以在加强公共文化服务的同时，鼓励农民自己动手，举办多样化的文化活动。这既可以为农村居民提供更丰富的文化娱乐，同时也可以促进农村居民之间的文化认同，成为农村文化建设的一个重要形式。为了实现这一目标，需要改变传统的“嵌入式”公共文化发展机制，以“本土草根、全民互动”为行动指导方向，注重政府与民众的互动合作，调动基层群众自己编写、自己导演、自行演出和自行欣赏的能力，以形成共建共享群众文化生活的趋势。同时还需增强农民自主创办文化活动的意识和能力，并逐渐建立起农村公共文化建设的内生机制。

近年来，江西省大余县在公共文化建设中，注意培育具有鲜明农村特色的乡土文化，实现了由“送文化”向“种文化”的转变。一方面，加强乡镇综合文化站建设，通过“创建 133 文化工程”，把“文化站”拓展为“文化网”。通过“以奖代扶”的方式，围绕构建镇、村、户三级公共文化服务网络，在规划、土地、资金等方面给予大力支持，在全县创建了 10 个特色文化村、30 个文化活动室、300 个文化示范户；通过多元投入机制、“以奖代扶”机制等，着力改善“文化网”

的装配条件，为群众文化活动搭建平台。另一方面，引导农民剧团有序发展，创建群众文化活动的组织载体。民间剧团根植于乡村社会，熟悉当地的风土人情，了解当地群众的文化喜好，是农村公共文化建设的重要依托。它们“赤脚下田，洗脚上岸”，通过艺术创新和升华，创作了一大批艺术精品。每当农闲时节或是乡镇中心工作开展之际，剧团就为群众送上“文化大餐”。

大余县公共文化建设，注意调动群众的参与热情和自觉意识，通过“政府搭台”，为“农民唱戏”搭建平台、创造条件，引导农村群众自主参与文化活动，从而达到自娱自乐的目的。为此，大余以乡村文化机构和农村文化队伍建设为抓手，通过三级公共文化服务网络，建立并拓展了“乡土文化网”，使公共文化机构“驻村入户”；依托县文化馆、采茶剧团定期开办歌舞、乐器、书画等培训班，有重点、有计划地培养出一批农村业余文化骨干群体，使他们有意愿且有能力组织筹办群众文化活动。在此过程中，按照“政府出资、市场运作、乡镇搭台、农民看戏”的思路，重点扶持民间文艺团体开展文艺汇演和文化交流；按照业余自愿、形式多样、健康有益的要求，利用节庆日和农贸集市，积极开展内容健康向上、形式丰富多彩、风格清新质朴的农村文化活动，使农村文化建设“生根发芽”。“政府搭台，农民唱戏”是对大余县公共文化建设的形象概括，它显现出农村公共文化建设的内生机制正在形成。

吉林省松原市在推进公共文化服务体系建设的同时，着力发展农民自办文化。松原的农民自办文化，是以创建农村文化大院为载体的，各级政府加大资金投入、整合社会资源，在建设大型文化设施的同时，着力加强农村文化大院建设，全市文化大院在行政村基本实现全覆盖。为激发广大农民参与自办文化的热情，各地举办了以农民自办文化为内容的文化艺术节，为农民搭起展示风采和交流学习的舞台。同时，通过业务指导、艺术辅导和培训服务，引导民间艺人自创自编了贴近生活的文艺作品，提高农民自办文化的筹划能力和艺术水平。几年来，松原市通过探索“种”文化模式，已在全市农村形成文艺演出、工艺制作、图书阅览、电影放映等门类齐全、具有民族民间特色的农民自办文化群体。

近年来，各地推出的农民自办文化、“民资文化”“千镇万村种文化”“群星大舞台”等文化建设形式，或隐或现地蕴含着以农民为文化主体的行动逻辑。内生动力是基础，组织推动是引擎。通过“政府搭台、农民唱戏”，推动农村公共文化从“输送”走向“内生”，使老百姓成为文化惠民工程的主角，引导他们在公共文化建设中自我表现、自我服务、自我发展，实现公共文化建设由“送”到“种”的转变。“种”表达的是农民群众普遍、经常性地开展自娱自乐的文化体育活动，把文化的种子“种”入乡村土地，让它生根、发芽、开花、结果。这种文化建设模式体现了这样一种理念：农民既是观众又是演员，既是文化产品的生产者又是享受者，因而应从文化旁观者转变为文化参与者，成为乡村文化建设的生力军。

（三）文化资源整合共享机制

公共文化建设的推进，需要整合文化资源、文化品牌、文化产品等要素，创新文化载体和运作机制，推动公共文化资源的整合共享。现阶段，随着公共文化服务体系的构建，各地的图书馆、文化馆、博物馆等公共文化设施相继实行免费开放，部分公共文化资源实现了平等共享；一些地方在实践中创造出图书馆的总分馆模式，创造出区域文化联动、城乡文化互动等形式，打破公共文化资源供给的地域分割、部门分割、城乡分割，这都是文化资源整合和共享的创新之举。数字网络时代，借助数字网络技术，改进公共文化资源供给方式是完全可能的。理论上，可以将专业与民间、纵向与横向、本土与异地的文化资源联通起来，以多维交互方式让全国任何一个地方的基层群众都能共享优秀文化资源，建立一个全面覆盖、功能强大、高效运行的公共文化资源供给系统。当然，这需要从社区层面展开，逐次扩大覆盖范围，最终实现文化资源的整合配置和均衡共享。值得注意的是，“全国文化信息资源共享工程”正是这一原理的现实应用。适应互联网及通信技术的发展，“文化共享工程”借助信息网络平台，提升信息资源的传播范围，缩小城乡间、区域间的数字鸿沟，实现文化信息资源的全民共享。各地在推进“文化共享工程”中，注意挖掘和整合非物质文化遗产资源、地方特色文化资源、红色文化资源、少数民族文化等，实现各类数字资源数据库的互联互通和共建共享，建立资源丰富、技术先进、服务便捷、覆盖城乡的数字文化服务体系，从而使全体国民都能平等共享数字文化服务。

在文化资源的整合共享方面，杭州通过“三整合”实现了文化资源的整合利用。一是以群众文化网为平台，整合了全市的群众文化、公共文化信息资源，涉及群众文化信息、演出信息、电影信息、展览信息、讲座信息、图书信息、非遗项目信息等方面。同时，网站通过整合群众文化服务资源，设立了配送服务平台，开列了服务菜单，接受基层群众点击预约，实现了群众文化机构与基层群众的文化服务供需对接。二是以群众文化团体建设为平台，促进文化人才资源的整合。通过签约加盟、项目合作等方式，整合各县（区）的文艺机构及民营文化团队的人才资源，建立了集创作、表演、辅导于一体的半紧密型合作关系。三是以评级管理体系为平台，促进业务文化团体资源的整合。通过团队评级制度，引导和扶持业务文化团体聚集文化资源、创作文艺精品、开展文化活动。

基层公共文化建设，应充分发挥文化馆、文化站等文化机构的作用，调动民间业余文艺团体积极参与，以实现基层文化创造力量、文化资源的整合利用。实践中，杭州坚持面向基层、重心下移，提出了群众文化“集约化、一体化”运行机制的创新构想，通过开展“一网、一团、一体系”三个平台的打造，有效推动了文化资源的“三整合”，促进了群众文化运行机制的创新，实现了基层群众文化格局从“小、散、杂”向“大整合、大利用”转变，推动了“送文化”从“供求脱节”到“供求对接”转变，促进了业余文化团队从“自娱自乐”向“示范带动”的转变。事实上，各地正在推广的公共图书馆总分馆制及“一卡通”工程、信息服务联盟等，实现了图书“通借通还”和数字资源的互联互享，构建起城乡一体化的公共图书馆服务体系。与此同时，博物馆、图书馆、美术馆、文化馆的免费开放正在全面铺开，提升了公共文化资源的有效使用和共享服务。

第三章　公共文化服务多维发展研究

本章主要内容为公共文化服务多维发展研究，介绍了全国范围内公共文化服务协调发展、提升公共文化服务发展动力水平、公共文化产品供应力度提升以及公共文化服务和科学技术有机融合。

第一节　全国范围内公共文化服务协调发展

一、城乡公共文化服务均衡发展

要想实现城乡公共文化服务的均衡发展并不是一件容易的事，需要做到以下三点。

（一）切实加强公共文化服务体系建设，确保社会民众享有充分的文化权利

计划经济体制下的公共文化服务过分强调群众文化爱好者的地位和作用，使得群众文化工作者无形中将受众对象局限于群众文化爱好者，导致受众对象群体范围过窄。受地理环境、历史遗留等因素的影响，城乡发展性不平衡等问题并未得到妥善解决，使得国内公共文化服务在实际推进过程中仍存在着许多尚未得到圆满解决的问题。基于此，政府和文化管理机构应积极推进公共文化服务体系建设，以确保民众的文化权益得到切实保障。

（二）加强乡村文化建设，培育地方特色，进一步完善公共文化服务体系

从整体上看，农村地区土地面积占全国总量的 90％以上，人口数量占全国人口总数的 50％以上，农村地区还蕴含着丰富的历史资源、文化资源。这些资源构成了当地特有的文化，是人们在长期社会实践中积累的宝贵财富。在推进农村文化建设时，可以不必刻意地追求与城市的一致性，相反，可以发扬当地独特的文化传统，推广和支持与之相关的文化产品和服务，如将具有地方特色的文化产品和服务纳入当地公共文化服务的目录，组织举办具有群众性的传统节日和民俗活动。同时，也应将当地文化人才培养纳入本地区的人才培训计划中。通过这些措施，可以进一步完善公共文化服务的体系，促进全国公共文化服务体系建设，扩大其服务范围和深度，促进公共文化服务的发展。

（三）推动城乡地区公共文化服务实现均等发展

在党的十六届六中全会上，第一次提出了“实现城乡公共服务均等化”的目标。《关于加快构建现代公共文化服务体系的意见》中，还明确提出了将平衡城乡公共服务的目标纳入国家的总体规划。考虑到现在国内人均水平不高，加上城市和农村地区收入水平差别很大。因此，为了推动城乡地区的公共文化实现均等化，政府和文化主管机构应该以我国实际情况为基础，满足城乡居民对基本公共文化服务的需求。

我国城乡公共服务均等化可以通过以下两种方式实现：第一，依托公共文化服务设施标准化的方式，推进城乡之间公共文化服务逐渐实现均等化。具体来说，政府和相关文化机构应基于现实情况为城市和乡村地区制定符合实际的公共文化服务标准，以缩小城乡间公共文化服务资源不平衡的差距。这些标准应该适用于全国各地。第二，依托投入平均化的方式，推进城乡之间公共文化服务逐渐实现均等化。具体来说，政府和文化主管机构应考虑各地人口数量，恰当分配公共文化服务资源。通过上述两种方法，可以矫正城乡公共文化服务资源长期不均衡的现状。

二、促进偏远落后地区公共文化服务发展

（一）加强服务型政府建设

长期以来，政府一直是提供公共服务的唯一主体，这种单一的供给模式导致政府提供的公共产品效率低下，无法满足公众的需求，尤其是在偏远落后地区，公共服务一直处于滞后状态。政府有责任提供公共服务，然而政府的提供范围是有限的。随着生活水平的不断提高，人们对于公共服务的需求也在不断扩大；他

们不仅需要更多种类的服务，而且更加关注服务质量。因此，我们需要强化服务型政府建设，完善以政府、市场和社会为中心的多元服务型政府体系，进一步提升政府的服务职能，以提高服务效能。

首先，偏远落后地区的领导干部要正确认识服务型政府。服务型政府就是指“在公民本位、社会本位理念的指导下，在民主秩序框架内，根据法定程序，按照公民意志组建起来的以公共服务为宗旨并承担相应服务责任的政府。”①服务型政府要始终贯彻以人为本的理念，以维护人民的利益为出发点，切实保障人民的知情权、参与权、选择权，加强与人民群众的交流，深入人民群众，洞察人民群众的需求，促进与民融合，实现与社会共治。②同时，服务型政府要依法行政，为了避免滥用权力，要接受人民的监督与约束，从而确保政府行使权力的合法性和透明性。

偏远落后地区虽然文化资源较为丰富，但是其文化基础设施薄弱，导致其文化资源无法得到有效利用。基于此，在偏远落后地区加强公共文化基础设施建设是推进文化事业发展的重要内容。服务型政府应该以满足人民的文化权益为目标，遵守相关规定，并积极引入多元化的供给形式，以充分满足群众的不同需求。

其次，领导干部要转变思想观念。在推进服务型政府建设的过程中，领导干部必须调整思想观念，强化“以人民为中心”的理念，持续优化偏远落后地区的公共服务，以更高质量地满足居民需求。尤其是在当前提倡建立服务型乡镇政府的大环境下，领导干部更要有高瞻远瞩的眼光，以共赢的系统思维为社会服务，为村民自治创造条件。③有关研究表明，定期对领导干部进行职业伦理培训和教育，有助于提升他们的道德素养，有助于他们深刻理解服务精神，并将之转化为外在行动。在进行领导干部培训时需要注意方法的多样性，除了注重理论教育外，还可以采用现场教学和案例分析等方式，以加深他们的认知理解。在培训内容上，需要重视强化公共服务的价值观，结合中华优秀传统文化，深入挖掘中国传统文化的深厚底蕴，营造公平、正义、勤政的行政文化氛围。

---

① 任宝玉．乡镇治理转型与服务型乡镇政府建设 [J]．政治学研究，2014 (6)：84—96．

② 刘熙瑞．服务型政府的内在要求 [J]．中国行政管理，2004 (11)：19．

③ 徐元善，周定财．服务型政府视角下乡镇公务员伦理精神的缺失与重塑 [J]．理论探讨，2011 (1)：151—156．

（二）完善公共文化基础设施

1. 构建多元主体供给模式

服务型政府的一个显著特征是多元主体的协作参与，它形成政府主导、社会各方参与、协商和对话的“交互理性”的制度框架。① 受限于公共财政负担大，政府重视度不足等多种因素影响，以政府为单一主体的供给已经不能满足群众日益多样化的文化需求，为此，打破政府的垄断供给，寻求多元主体的广泛参与成为必然。基本公共文化服务由政府承担和主导，并不排斥市场机制和社会参与，政府与公民、媒体、企业等社会力量在合作、协调等互动过程中实现对公共事务的治理。通过制定相关法律和制度规范，明晰政府和各个文化事业单位部门具体的权力和责任，制定文化管理程序和职责，使文化管理运行机制趋于系统化。因此，要积极顺应社会主义市场经济发展和现代多元治理的要求，改变公共文化服务由政府包揽、唱独角戏的传统，优化资源配置方式，调动各方参与的积极性，充分发挥市场、社会的作用。逐步推动形成多元主体供给形式，政府“权威型供给”、市场“商业化供给”、社会第三部门“志愿型供给”相结合，提升公共文化服务的协同性。

当前公共文化基础设施的供给主要有两种模式：一是政府主导模式，二是市场主体型建设。受多种条件的限制，偏远落后地区公共文化基础设施的供给无论采取哪种模式，都面临信息不对称问题，从而导致供给效率降低。如果只采取政府主导模式，政府拨款成为公共文化基础设施建设的唯一来源，必然会带来垄断和供给低效的问题。由于地方政府财政预算有限，往往忽视偏远落后地区地理环境复杂、民族众多等特质，提供同质供给，导致公共文化服务无法满足当地居民的实际需求，造成有效供给不足，同时，政府在提供服务过程中也可能会出现“厚此薄彼”的不公平现象，严重影响了偏远地区公共文化基础设施建设的平衡发展。如果单一地采用市场供给模式，可能会出现不良竞争和贪图短期利益等问题，这是因为大多数市场参与者都以追求经济利益为主要目的。但远离城市中心，经济不发达的地区建设公共文化基础设施是一个长期性的过程，需要持续性的资金投入，且变现速度较慢、收益值较低。仅仅靠市场供给无法有效提高公共文化基础

① 刘日．政府职能定位与履行视角下的公共文化服务体系建设问题［J］．安徽行政学院学报，2010，1（1）：12-17．

设施供应的可持续性。非营利组织的服务是基于公益和志愿精神的，这些组织的成员都是具有公益意识的人。然而，由于缺乏专业性，这些组织可能会出现供给不足或公益资源浪费等问题。相比于前两种模式，在信息共享方面，政府与社会资本合作模式存在更多优势，两种模式之间形成了优势互补，可以更有效地提高公共产品的供给效率。在偏远落后地区提供多样化的文化供给，是公共文化基础设施供给的必要选择，这样有助于创造“1+1 大于 2”的效应。

多元化的主体共同协作，推动了公共文化产品供应的多样化选择。这种变化适应了公民不断增长的多样化和个性化文化需求，提高了公共文化产品供应的效率。此外，在某些准公共产品供应方面，其他社会力量的作用也越来越重要。政府本身拥有权威和优先地位，可通过制定顶层规划来更好地优化制度安排，充分运用宏观调控，促进公共文化资源分配的公平性。市场具有灵活度高、实力强、注重创新等优势，能够提供多样化的产品和服务，有效解决供需不匹配和资金短缺的问题。非营利组织相对于市场主体来说，具有更强的行动力和灵活性，并承担着更为重要的社会责任和使命。此外，它们更关注边缘和弱势地区的人民权益，致力于保护农民的文化发展权。通过多元化的文化资助活动，非营利组织能够缩小城乡之间的文化差距，弥补政府在文化供给方面的欠缺。在遵守共同规范的前提下，所有供应方都能够充分参与市场竞争，并合理表达利益诉求。这促进了公共文化设施领域的分工，有效解决了供应不足和单一的问题。因此，要在政府主导下，积极调动企业和社会组织等社会力量参与到偏远落后地区公共文化基础设施供给中。一方面，要充分给予激励措施，如税收优惠、补贴等，充分激发其服务热情；另一方面，也要加强监督，使其服务更加规范，提高偏远落后地区公共文化基础设施的供给质量。

总之，多元主体供给能更好地解决偏远落后地区公共文化基础设施建设过程中供需失衡与供给不足的问题，让政府逐渐从不擅长的领域退出，积极促进职能转变，把工作重心放在顶层设计、行政监管、政策支持等方面，让政府和市场分别做“自己擅长的事”。政府和社会力量之间的良性互动有助于形成对公共文化和文化权利的认同，构建与现代经济相适应的、与民众文化生活需要相符合的现代服务型公共文化体制，有助于推动偏远落后地区社会文化的繁荣发展，实现乡村的全面振兴。

2．完善公共文化基础设施的供给内容

乡村振兴战略规划中提出要深入推进文化惠民工程，到偏远落后地区开展更多的惠民演出服务，为偏远落后地区提供更多更好的服务，促进形成“菜单式”“订单式”的服务，这就要求不仅要增加偏远落后地区公共文化基础设施供给的内容，更要注意供给的差异性与针对性。

（1）优化供给内容与形式

偏远落后地区建设公共文化基础设施时要始终遵循文化惠民的准则，不断改进供给内容和形式。乡镇和村庄应充分发挥现有设施和资源的作用，提高服务能力，增加服务内容和形式。例如，在留守老年人较多的地方，可以在书屋或文化活动室内增设棋牌室、茶室等，以达到既有利于他们进行休闲娱乐活动，同时也能减少闲置资源的目的。在少数民族聚居的地区，应在公共文化基础设施的供给方面注重民族特色。例如，在建筑外观和样式方面可以采用传统民族元素，而提供的图书也应更多地涉及本民族的文化知识。此外，还可以建立民族文化展览室，以推动民族文化的传承和保护，同时也有助于促进中华文化的进一步发展。在人口稀少且分散的地区，可以采用流动文化服务的方式，利用文化大篷车定期提供文化服务。随着互联网＋越来越流行，我们可以利用信息资源共享计划，建立一个标准统一、互联互通的公共数字文化服务网络，如创建数字博物馆、数字文化馆等，在提高公共文化数字化资源供给能力的同时提高了供给效率，使农民群众平等享受公共文化服务的权利得到保障。

（2）鼓励群众自办文化

除了加强偏远落后地区公共文化基础设施建设外，我们还要切实发挥这些设施的作用，积极展开各种形式的文化活动，并且鼓励群众自发地组织开展各种文化活动，如可以设置农村文化活动日，在农闲时期推动民俗表演、民间艺术表演等群众性活动。在传统节日的时候，我们可以举办文化活动，并宣传相关的礼仪和风俗习惯，以更好地传承和弘扬传统文化的精髓。丰富多彩的文化活动有助于拓展参与人群，为大众提供表现个性的机会，有效地激发人们的积极性和创造性。充实的文化活动不仅可以满足人们的需求，丰富他们的内心世界，还可以加强落后偏远地区的凝聚力，推动这些地区实现和谐繁荣。

（三）挖掘偏远落后地区文化多样性资源

一是挖掘乡土文化资源，促进基本公共文化服务发展。任何文化资源的产生和发展都要经历漫长的过程，都是在特定的环境中产生、发展的。偏远落后地区的文化资源是异常丰富的，在特定的人文环境中，生存繁衍于此地的人民创造了璀璨的民俗文化、农耕文化、非遗文化，并一代一代地流传，成为偏远落后地区的思想道德建设和乡风文明建设的重要支柱。乡土文化是一种宝贵的文化资源，蕴含着丰富的多样性元素。我们需要深入挖掘所包含的非遗文化、农耕文化和民俗文化，了解其中所蕴含的人文精神、思想观念和道德准则。这些文化元素对于乡村社会伦理、文明风俗和谐发展至关重要。同时，它们也为培育良好的公共道德、传承乡风民俗、建设社会主义核心价值观等方面作出了重要贡献，为形成优秀的传统农耕文化和非遗文化内涵，营造良好的文化氛围。

二是开发非遗文化产品、文化体验，推动基本公共文化服务发展。基于偏远落后地区的文化特色，要从民族文化、民俗文化、非遗文化中充分挖掘公共文化服务价值，从而丰富偏远落后地区的公共文化活动和内容。对非遗文化产品进行挖掘、开发、传承，让民俗文化体验、非遗文化体验成为公共文化服务体系建设的重要构成内容，丰富公共文化活动内容。在偏远落后地区公共文化服务领域，应该积极展示偏远落后地区的公共文化产品、非遗艺术手工品以及农耕文化体验，以此丰富公共文化服务项目。

第二节　提升公共文化服务发展动力水平

一、引导社会力量参与公共文化服务建设

（一）社会力量参与公共文化服务建设的背景

随着中国文化体制改革的不断推进，推动文化事业和文化产业的快速发展已被党中央和各级政府列为重要战略任务。随着城乡居民精神文化需求不断增长，文化领域供给侧结构性改革已经全面推进。为了满足这一趋势，政府积极转变文化治理思路，推动简政放权，鼓励社会力量参与公共文化服务建设，并给予支持。

北京市海淀区、上海市嘉定区、四川省成都市、安徽省合肥市、福建省厦门市等地已经采取积极措施，引入社会力量来运营管理公共文化场馆，如图书馆、社区文化中心和城市阅读空间等，增强了供给服务能力，在服务效果和社会效益方面取得了显著成就。

近年来，为了鼓励社会力量参与公共文化服务建设，国家陆续出台了一系列的扶持政策。2018 年 2 月，党的十九届三中全会指出，推动教育、文化、法律、卫生、体育、健康、养老等公共服务提供主体多元化、提供方式多样化；推进非基本公共服务市场化改革，引入竞争机制，扩大政府购买服务。2019 年 10 月，党的十九届四中全会指出，坚持和完善共建共治共享的社会治理制度，保持社会稳定、维护国家安全；完善党委领导、政府负责、民主协商、社会协同、公众参与、法治保障、科技支撑的社会治理体系。

随着国家对社会力量参与公共文化服务建设提供更多支持，一些专家学者对社会力量参与公共文化服务建设的动力机制进行了分析，认为需要建立更为强大的公众参与、市场运作、政府和社会机构合作等机制，以形成多元共建的公共文化服务模式。建立政府、图书馆和社会各界合作的内部发展机制，消除图书馆发展的体制障碍，激发图书馆的自我发展能力。在这些观念的影响下，一些地区采用了多元化的社会力量参与方式，如四川省成都市的“政府 + 企业”模式、“政府 + 社会力量”模式，重庆市南岸区的“政府购买 + 共同建设”模式、“政策优惠 + 社会参与”模式，等等。可见，政府对于公共文化服务提供的角色已经从过去的主导者变为指导者，不再单纯地掌控和决策，而是将一部分公共文化服务的建设工作委托给了社会力量。这种转变有助于减轻政府单一供给模式带来的公共文化服务需求无法得到满足的问题。目前，公共文化服务建设面临来自社会力量的参与和探索发展的挑战。在这个过程中，政府和社会力量的职责边界有待明确。此外，对于理念、利益和考核等方面的分歧和问题，可能会削弱公共文化服务建设的稳定性和可持续发展能力，并降低社会力量参与公共文化服务建设的效果。因此，为了加速公共文化事业的发展，提高政府在公共文化治理方面的能力，需要解决如何激发社会力量参与公共文化服务建设的动力机制，并推动政府与社会力量在公共服务供给领域的深度合作。

（二）社会力量参与公共文化服务建设动力机制阐述

1. 社会力量参与公共文化服务建设动力机制的现状

首先，推进社会力量健康发展成为提升政府购买服务质量的重要方式。党的十九大报告指出，完善公共服务体系，保障群众基本生活，不断满足人民日益增长的美好生活需要。近年来，地方政府积极推动政府购买服务行动，致力于扩大服务购买领域和强化服务购买力度，改进公共服务供应模式，创造全新的政府购买公共服务方式。政府和社会承购方之间以“委托代理”的方式签订契约，以在社会公共服务购买方面展开合作。这种合作方式能够充分利用社会富余资源，并不断提高政府的公共服务管理能力。相比于欧美等发达国家，我国社会力量参与公共文化服务建设的起步较晚，存在着很多不足之处，如尽管我国文化类社会组织发展速度不断提升，规章制度日益健全，但是其发展现状与政府购买公共文化服务的需求仍有着不小的差距，社会组织仍存在着自我治理能力偏弱、资源获取能力与相关管理能力不足等缺陷，从而对政府购买公共文化服务的质量产生了不良影响。为了公共文化事业的健康发展，部分地区制定了专门的扶持政策，以推动社会组织的发展。例如 2019 年 9 月合肥市率先推出《关于通过政府购买服务支持社会组织健康有序发展的实施方案》，该方案提出了一系列措施，如降低准入门槛、完善孵化机制以及强化人才支持等，以期增强社会组织的综合能力，使其更好地接受购买服务的任务。

其次，基于全局视角提升社会力量参与的动力是现实形势的迫切要求。受地理环境、历史遗传等因素的影响，我国不同地区、不同民族的人民在长期的社会实践中形成了独具特色的文化资源，这些资源具有极大的经济、人文和社会价值。纵观公共文化的发展历程可以发现，公共文化服务建设的健康发展离不开多元资源的支撑，然而受多种因素的影响，当前我国的公共文化产品和服务的供给与民众精神文化需求之间存在不协调的现象，导致生产一致性、创新断层、储存过剩以及分配不当等问题的出现。这些问题造成了深层次高端服务的匮乏和民众文化需求的不足感。为了解决这一难题，我们需要采取全面的措施，包括提高文化创意的创新性和多样性、深入挖掘文化内容、提升文化产品的品牌影响力等。这更多需要依靠社会资源的力量而不是政府的行政干预。当前的公共文化事业面临严峻形势，要想让更多的社会力量积极参与公共文化服务建设领域，政府需要进一步加大支持力度。目前，很多社会力量仍然的在观望状态，政府应该从全局出发，促进社会力量参与公共文化服务建设，激发其建设动力。

2. 社会力量参与公共文化服务建设动力机制的含义

社会力量在公共文化服务建设中起着不可估量的作用，文化企业、文化类社会组织、文化艺术协会、志愿者队伍等都属于社会力量的范畴。社会力量参与公共文化服务建设的动力机制是指政府为了提高公共文化服务建设和供给水平，以社会力量为研究对象，就社会力量有无参与动力以及动力大小进行研究，旨在充分发挥社会力量的作用，引导社会力量参与公共文化服务建设所构建的一套相互关联的调节方式。从本质上来说，动力机制通过特定的措施，如资源协调、监督和考核，使政府和社会机构得到与其所负责任相符的回报，进而激发社会机构投身于实现公共文化服务目标的活动中。该机制将社会机构的资源和优势与公共文化服务的目标相结合，从而激发社会机构的积极性、主动性和创造性，为公共文化服务建设提供强劲的推动力。

研究人员对社会力量参与公共文化服务建设的动力进行了深入的研究，结果发现，虽然不同的社会组织参与公共文化服务建设的动机是各不相同的，但是可以归纳为两类：一是外动力，二是内动力。外动力是指通过政策、财政投入、考核制度等外部措施来促进社会力量参与公共文化服务建设的各种推动力量。外部推动力的大小反映了政府对该领域的扶持和关注程度，以及政府提供的保障条件是否符合社会力量发展的实际需求。内动力是指社会力量供给公共文化服务内容、获取利润保证自身发展的内部推动力，包括专业人才建设、技术创新力度、行业发展水平等动力要素。有关研究表明，社会力量参与公共文化服务建设的积极性和文化产品供给质量同社会力量自身的管理水平与服务能力息息相关，而社会力量的管理水平与服务能力又受内部推动力的直接影响，如果内部推动力较大，则社会力量的管理水平较高，服务能力较强，社会力量就会以积极主动的态度参与公共文化服务建设，提供高质量的文化产品和服务；反之，如果内部推动力较小，社会力量的管理水平也会较低，服务能力较弱，公共文化服务建设与供给质量也会受到不良影响。因此，为了完善社会力量参与公共文化服务建设的动力机制，首要任务是明确动力要素的种类和作用。

（三）社会力量参与公共文化服务建设的动力机制优化策略

1. 政策导向动力：健全社会力量参与的具体管理标准

虽然国家、省、区、市、县等级纷纷颁布政策法规、指导文件和实施意见，但是在基层一级，如街道、乡镇、社区等，缺乏实际可操作的文件。这使得基层政府无法全面理解如何引入、监督、考核社会力量的作用，出现了政府和社会力量关系界定不明确、职责不清晰、政府干预社会力量过多、监管不到位等问题，这些问题降低了社会力量参与公共文化服务建设的质量。政府应整合文化管理部门职能，避免公共文化服务过多管理和决策机构。同时，加强文化管理部门内部之间的联系，实现信息共享和全面决策，提高决策效率和有效性。政府还应完善有关社会力量参与公共文化服务的政策和标准，创建规范的参与环境和秩序。基层政府在制定扶持社会参与的政策和标准时，应当在充分听取专家学者和行业人士的建议和观点的基础上，积极邀请文化企业、社会组织和志愿服务组织参与，推动政府与社会力量之间的沟通和交流。通过这种方式，政府能够全面理解社会力量的需求和意愿，更加准确地把握政策对社会力量的激励和约束措施是否合适，确保政策制定阶段具有合理性、具体性和可执行性。

2. 财政支持动力：扩大扶持社会力量参与的资金规模

社会力量参与公共文化服务建设方式主要有两种：一是政府购买服务，二是组建志愿队伍。其中政府购买服务占主要地位，这就导致社会力量在参与公共文化服务建设中过度依赖政府拨款，存在着资金来源单一的弊端。如果政府不能及时拨款或者社会力量未能达到绩效标准，会导致资金回收滞后于支出，从而出现资金链断裂的风险。为了规避财政拨款带来的风险，政府应该改进社会力量参与财政支持的政策，并增加公共文化服务专项资金的规模。政府可以采用直接和间接补贴、通过项目资助、以奖代补，以及贷款贴息等多种渠道，为不同类型的社会力量提供多层次和多方面的资金扶持和保障措施。这样可以更好地利用财政资金带动和引导社会力量参与公共文化服务建设，推动社会力量发展并打破资金方面的限制，以促进其内生能力和服务潜力的提升。政府可以通过 PPP（政府和社会资本合作）模式，让有能力的社会力量参与公共文化场馆的建设和运营，并根据年度考核得分和社会资本投入的数量，给予相应的奖励等级。这种利用市场机制促进竞争和积极性的做法，可以有效地评估公共文化场馆的服务成效，同时也能够增强社会力量的竞争意识和危机意识。

3. 制度保障动力：完善第三方绩效考核评估机制

中国公共文化服务机构属于公益类事业单位，其本身无法单独购买公共文化服务。为了推动公共文化事业的健康发展，政府部门定期会按照合同或协议上的标准对社会组织进行考核。这种考核方式是以结果为导向的静态监督考核，以社会组织是否履行合同或协议上的内容为唯一标准，存在着绩效考核标准不够清晰、定量指标过重而定性指标过轻等弊端。有关资料显示，建立以第三方考核制度为核心的绩效评估体系是优化政府购买公共文化服务质量的评价机制、提高公共文化服务水平的有效途径。2018 年 8 月，财政部发布了《关于推进政府购买服务第三方绩效评价工作的指导意见》，提出要将第三方绩效评价作为推动政府购买服务改革的重要措施。各级政府的文化、旅游和财政部门应该以此文件为基础，参考政府购买公共文化服务的指南，制定符合标准的第三方绩效评估机制来提高绩效评估工作的专业水平和规范性。此外，政府还应该将第三方评估机构和社会组织纳入其中，共同参与监督评估过程。这种基于过程的动态监督评估制度可以用于监督社会组织的服务行为和评价其服务质量，同时也可以在政府制定准入条件、预算、考核标准、退出机制等方面与之相互配合，以提高购买服务行为的效率、规范性、经济性和公平性。

4. 人才资源动力：加强对社会力量的培育和指导

由于政府支付的服务外包费用主要用于日常管理工作和读者活动的开展，所以社会力量承担的人才培养费用较高，成本较大。即使有意愿参与社会公共服务的企业也因人力成本过高，无法定期组织员工外出学习、考察与交流，更无法长期邀请行业专家对员工进行常态化的培训。这导致专业人才的成长速度减缓，其培养周期变长。针对这种情况，可采取如下措施：首先，政府应根据不同社会力量，如文化企业、社会组织、志愿队伍等，制订相应的人才培养计划。在政府功能部门，如文化、旅游、财政等的支持下，定期举办专题培训、网络培训以及现场培训，旨在为社会力量的中高层管理人员或一线研发人员提供个性化的培训内容。其次，公共文化服务类和文化产业类的协会、学会等社会组织可以定期举办面向各界力量的辅导和培训活动，帮助他们在资源建设、服务提供、业务开展、人才培养、标准应用等方面得到专业指导，以促进社会力量更好地参与公共文化服务建设。最后，社会力量应积极参加政府和协会举办的培训和指导活动以提高自身的可持续发展能力，定期邀请行业领先者、高校学者等开展面对面的培训，帮助从业人员拓宽文化产品生产和服务供给理念，进而激发他们的创新能力。

5. 行业资源动力：提高对各类社会力量的资源整合力度

目前，中国公共文化服务建设市场环境正在不断发展和完善，但是具有较高竞争力和影响力的社会力量并不多见。有些技术企业、出版企业、体育企业等社会力量跨界进入该领域，但对公共文化服务建设的现状和趋势还了解不足。这导致参与公共文化服务建设的社会力量的发展水平和服务质量不够均衡。当务之急是加强文化企业、社会组织和志愿者等各种社会力量之间的合作，充分发挥各自资源、人才、管理、技术和服务方面的优势，提高各类社会力量的整合利用水平，建立多层次、多元化的社会力量参与机制，推进公共文化服务建设的社会力量多元发展。政府可以委托社会力量进行整合工作，并引导他们建立科学的资源分配方式。社会力量将负责吸收外部资源和释放内部资源，促进各类资源在全社会的合理分配，最终协同提升公共文化服务建设水平。将资源整合与分配理解为资源的流动方向，涉及多种不同的要素，包括信息、技术、人才、资金、制度、情报、知识等。社会力量应在此基础上建立有效的资源流动控制体系，以实现对自有和外部资源的高效利用和分配，从而为人民群众提供更多具有文化价值且优质的产品和服务。

6. 技术创新动力：推动公共文化服务与技术创新的融合

目前，政府文化部门已经意识到公共数字文化建设的重要性，要求社会力量具备能够承担公共文化场馆智慧化、数字化建设工作的能力。然而，很多社会团体在使用技术方面仍停留在日常使用微信、微博、QQ 等自媒体工具的层面，而未能利用数字化技术创造出独特的资源，并未能发掘大数据技术的深层次整合文化资源的能力。当今，公共文化服务领域应积极采纳“互联网 +”、大数据、云服务等先进理念，使这些技术创新不仅成为公共文化服务建设的新动力，同时带动中国文化事业进入新的发展周期。社会力量提升技术创新能力的途径是多种多样的，应用最为广泛且行之有效的途径主要有两个：一是加强研发人员的培训和教育，二是与科研单位和高校开展产学研合作。社会力量要依托高校丰富的人才资源建立合作培养实践基地，高校专业人才可以在实践基地中充分发挥自身的聪明才智，不断提升创新能力，社会力量中的资源也得到了充分的开发利用，进而实现人才、资源的双向流动。公共文化服务的健康持续发展离不开社会力量的参与和支持，因此应调动文化、出版、传媒、技术企业，以及文化艺术协会、群众文艺团队、志愿服务团队等多种社会力量，共同合作建设可供不同地区共享的文化资源平台，推动文化资源在全域范围内共建共享、流通服务的发展模式，从而推动公共文化服务迈上新的台阶。

二、文化类型社会组织发展策略

公共文化服务社会化发展的关键在于引入市场竞争机制，使文化服务供给过程更多元化和有效。政府需要正确处理与市场、政府和社会的关系，并通过简政放权，让市场在文化资源配置中发挥决定性作用。同时，必须积极调动市场主体和社会力量的积极性参与公共文化服务建设，实现公共文化服务的多元化供给，创建现代公共文化服务治理结构，并提高公共文化服务供给能力和总体水平。

现阶段亟须建立完善的机制，确保政府向社会力量采购公共文化服务，为其参与公共文化服务提供可行途径，同时鼓励和引导社会力量积极投身公共事业。这将有助于推动政府运作方式的变革，摆脱传统的高度中央化管理模式，缓解政府承担的压力，提升政府管理和公共文化服务的效率，实现社会效益的最大化。

推进公共文化服务社会化发展的宗旨是保障人民基本的文化权益，促进文化消费，创造良好的发展环境。政府应该提供优质的公共文化服务，并且维护社会公平和正义。根据《国家基本公共文化服务指导标准》，各级政府应该履行保障责任和义务的标准，采用标准化的方式管理和服务公共文化设施。同时，我们也应该引导人民群众形成健康的文化消费观念和方式，激发文化市场的创造力，增强经济发展的内生动力。

近年来，很多地方针对公共文化服务社会化发展的实际情况进行了探索和创新，这些努力取得了显著的成效，也积累了宝贵的经验。未来，政府在进一步完善政策措施方面还需下更大的功夫，以加强对社会力量参与公共文化服务的政策扶持为目标。创造公正的发展场所，指导和规范社会力量积极参与公共文化工作；激发社会体制机制的创新，孕育和促进文化类社会组织的蓬勃成长；通过加强宣传激励机制，营造鼓励社会力量参与公共文化服务的良好舆论环境。建立现代公共文化服务系统的过程中，政府、市场和社会三个方面都至关重要。应该通过政府的领导以及社会的参与，来平衡和结合市场机制，在推进文化产业和文化事业协调发展的同时，打造共同参与公共文化服务的活跃格局，全面提升公共文化服务的活力和发展动力。

文化类社会组织包括文化类行业协会、基金会、民办非企业单位等社会组织。文化类社会组织参与公共文化服务建设具有积极意义：一方面可以为人民提供更多更丰富的公共文化产品和服务，另一方面有助于提高公共文化服务的水平。发挥文化类社会组织在公共文化服务中的作用，重点要做好以下工作。

一是实行政事分开和管办分离。加速促进文化行业协会与行政机关分离，将适宜由社会组织承担的公共文化服务事宜移交给相应的社会组织负责。

二是加大政府向文化类社会组织购买服务力度。政府在管理资金、资源和项目时，应当给予文化类社会组织相同的机会，让它们和公益性文化事业单位竞争，以此促进文化类社会组织的发展，培育其自我发展的机制，从而实现可持续发展。

三是强化规范和管控。制定并完善与文化相关的社会组织规章制度，明确其职能定位。强化政府管理和社会监督，确保社会组织年检和信息公开制度得到有效执行。同时，对其运营绩效和社会信用评估进行评价，以便实现依法管理和运营，推进文化类社会组织规范化、有序化。

三、志愿服务精神弘扬

（一）建设公共文化服务体系对文化志愿服务的要求

公共文化服务体系是指为确保群众基本文化权利的实现而进行的制度设计、产品供给和体系建设，其目的在于丰富精神生活，传播先进文化，不断满足人民群众文化需求，保障群众基本文化权益。自党的十八届三中全会上提出了要构建现代公共文化服务体系以来，2015 年中共中央办公厅、国务院办公厅印发的《关于加快构建现代公共文化服务体系的意见》进一步提到，“大力推进文化志愿服务。大力弘扬志愿服务精神，坚持志愿服务与政府服务、市场服务相衔接，奉献社会与自我发展相统一，社会倡导和自愿参与相结合，构建参与广泛、内容丰富、形式多样、机制健全的文化志愿服务体系。”意见中既充分肯定了文化志愿服务在增强公共文化服务发展动力方面的作用，又明确指出目前文化志愿服务水平仍需提高，同时又为文化志愿服务助力现代公共文化服务体系建设提出新思路和新方向。

（二）我国各城市文化馆文化志愿服务工作发展概况

1. 实现文化志愿者的规范化、信息化管理

我国范围之内各个城市文化馆在文化志愿者管理上，实现了从线下到线上的全方位的对接转移，引进了志愿者 + 管理平台，通过驻地宣传和新媒体宣传，把有意愿加入文化志愿者队伍的社会公众引导到“志愿者 +”平台上，将线下一系列烦琐的登记、核实、记录、存档工作转接到文化志愿者平台，实现网上实名制注册、在线活动报名、二维码签到、云服务记录等，有效解决了文化志愿者注册报名及服务记录清单、服务供需对接等问题，实现了文化志愿者的规范化、信息化管理。

2. 推动文化志愿服务项目与群众文化需求有效对接

我国范围之内各个城市文化馆在开展文化志愿服务方面，既充分地考虑到了偏远贫困地区的群众文化需求，也和周边社区、人民群众最普遍的文化需求进行了有效对接。无论是每年举办的“公益文化春风行”和“文化志愿者进社区”等送戏下乡、送戏进社区的公益演出活动，还是为周边社区中老年群体开设的文化志愿者主题活动“社区公益学堂”，文化志愿者都参与其中并发挥着重要的作用。

我国各城市文化馆在文化志愿服务项目开发上注重联合社会各方力量，创新文化志愿服务内容，探索与优秀社会团体的新型合作模式。在推动文化志愿服务试点项目开展的同时，做好已有文化志愿服务示范项目的优化升级，志愿服务试点项目和示范项目的双头并进在全市范围内起到了先行先试、辐射推广的作用，为打通公共文化服务“最后一公里”工作做了示范和表率，逐步形成具有自身特色的文化志愿服务模式。

（三）文化志愿服务对于公共文化服务体系建设的作用

1. 增强公共文化服务发展动力，推动公共文化服务均等化

文化志愿服务是公共文化服务体系建设的重要环节，开展文化志愿服务能够

把公共文化资源落实到基层，成为打通公共文化服务“最后一公里”的主要力量。文化志愿服务的进一步壮大，不仅能够助力公共文化服务的发展，而且还有可能在更广泛的范围内满足更多人的文化需求，从而实现真正地促进公共文化服务均等化发展、维护广大民众的基本文化权益。

同样的，文化志愿服务的出现除了让群众文化事业的发展更有活力，也让更多有志投身于公益事业的人们能够通过公共文化服务体系这个平台来服务更多的人，在实现自我价值、奉献社会的同时参与公共文化服务体系的建设中，壮大了公共文化服务体系的建设队伍，也从侧面增强了公共文化服务发展的动力。

2. 提升公共文化服务供给能力，促进社会更好地发展

文化志愿者是公共文化服务供给链条中的一环，在服务过程中首先是提高了公共文化产品和服务的供给效率。与传统文化部门和单位逐级送文化不同的是，文化志愿者可以带着项目和资源直接与需求方对接并就近安排服务，既能缓解相关文化部门和单位人手不足的情况，也能减少公共文化服务在下基层路上的时间消耗。其次，文化志愿者来自社区，是最熟悉基层人民群众文化需求的群体，所以在他们的参与下开发文化志愿服务项目，能在丰富公共文化产品和服务内容的同时，拓宽公共文化服务方式，满足不同群体不同阶段的文化需求。最后，文化志愿服务项目的绩效评估和服务对象的反馈是一个完整的文化志愿活动实施的必要条件，所以以志愿服务的形式提供公共文化服务就内在地包含了自我评价的机制，进而在一定程度上确保了公共文化服务供给的质量，更好地促进社会的发展。

（四）推进文化志愿服务工作的做法

1. 构建文化志愿者培训长效机制

长效机制就是指能够保证所制定的制度方针长期正常运行并发挥预期功效的制度体系。培训是提高志愿者个人综合素质、服务能力和团队凝聚力的重要方式，也是加强文化志愿服务组织单位与志愿者沟通联系的重要途径。文化志愿服务组织单位如何更高效地维系志愿者队伍是所有志愿者组织要重视的问题，因此，要构建文化志愿者的长效培训机制，建立文化志愿者培训基地并定期举办文化志愿者培训，为文化志愿者提供不断自我提升、自我发展的机会。培训机制的建立可以整合系统内外的各项资源，联合社会上优秀的志愿服务力量，实现培训需求和

导师资源的对接，引入优秀的培训师资力量和前沿的文化志愿服务课程。

在文化志愿者培训规范化建设方面，依据培训内容的不同，可以分为通用培训、岗位培训和专业培训。其中文化志愿者通用培训包括入门培训和通用技能培训，旨在普及志愿服务基本知识和实用生活小技能。岗位培训和专业培训顾名思义就是针对特定岗位和文化志愿服务组织单位特有的专业进行的培训，使文化志愿者在有限的时间内迅速掌握岗位工作流程以及和服务相关的专业理论知识。而按培训对象来划分，长效的培训机制还需要包括文化志愿者骨干培训和文化志愿者队伍管理人员培训。志愿者骨干是支撑志愿者队伍的核心力量，志愿者管理人员更是指引志愿者队伍发展的领头人，因此，高效的培训机制还必须有面向高层次人才的全方位培训。在培训方式上，适当引入新兴多媒体技术如网络平台自学、网络在线直播、虚拟培训等方式可以吸引更多不同年龄层的社会公众加入志愿者队伍中。

2. 提高文化志愿服务的社会影响力

美国著名营销学者菲利普·科特勒（Philip Kotler）在其《营销管理》一书中定义品牌："品牌是一种名称、名词、标记、符号、设计或是它们的组合运用，其目的是借以辨认某个销售者或某群销售者的产品或服务，并使之同竞争对手的产品或服务区分开来。"基于品牌的巨大力量，创设并培育文化志愿服务品牌，对于公共文化服务发展和文化志愿者形象提升无疑具有多方面的重大意义。组织知名人士参与文化志愿服务就是打造文化志愿者名片的一条重要途径，知名人士的社会效应于普通志愿者而言会成倍增长，为此，首先动员社会工作领域的专家学者、艺术家、优秀运动员等社会知名人士参加志愿服务能迅速、广泛地将文化志愿服务的理念推广到公共生活的各个领域。其次，提高文化志愿服务的社会影响力离不开宣传的力量，传统媒体覆盖面广，公信力高，适合宣传示范性或系列性的文化志愿活动；新媒体传播速度快，具有碎片化特征，易于及时报道文化志愿活动的开展情况和文化志愿者的优秀事迹。最后，完善文化志愿者的激励制度和嘉许制度，每年进行文化志愿服务工作表彰同样也有提高其社会影响力的作用。

3. 建立"结对子、种文化"工作机制

"结对子、种文化"的工作机制就是推动专业艺术院团、体育运动队和艺术体育院校等到基层教、学、帮、带，建立志愿服务下基层制度。

就文化馆而言，专业艺术人才直接为基层文艺团体提供指导的文化下基层方式，构建的是一层服务网络。而先由专业艺术人才辅导一批从基层选拔上来的、专业素质相对较好的文艺爱好者，再把这一批已接受培训的文艺爱好者送到社区，与基层群众文化需求对接，然后开展培训辅导工作的文化下基层方式，构建的是“2+”的公共文化服务网络层级。

与前者帮扶对象明确的做法相比，后者的做法向下延伸的潜力巨大，服务人群易于实现指数化增长，并且能更进一步地体现志愿精神。在“结对子、种文化”的工作过程中，专业艺术人才和优秀文艺爱好者担任了“导师型”文化志愿者的角色，推动了公共文化服务体系的深入发展，以志愿服务的方式为构建公共文化服务体系贡献力量。

第三节　公共文化产品供应力度提升

一、逐步提升公共文化服务意识水平

（一）充分发挥政府主导作用，保障基层公共文化经费

对于公共文化服务体系建设而言，党和政府的重视与主导是最重要的保障和助力。《中共中央关于深化文化体制改革、推动社会主义文化大发展大繁荣若干重大问题的决定》的出台明确表示对于党和政府而言，其在公共文化建设中分别承担着领导和主导的政治责任，并且必须将文化建设有机融入经济发展总规划之中，作为“四位一体”总布局的一部分，要求在地区发展水平和质量以及领导干部业绩的评价中充分考虑文化建设成效的因素。政府不仅是公共文化服务体系建设的责任主体，还是这一服务的供给者，要不断增加在其中的投入。

首先，按照建立现代公共财政体制要求，确立基本公共文化服务标准，扩大公共文化服务的覆盖面，逐步提高公共文化支出在公共财政支出中的比重，完善公共文化资金保障体系。各级政府应确保每年投入增幅不低于同级财政经常性收入的增幅，确保政府兴办的各类公益性文化事业单位经费稳定增长，并通过建立文化发展专项资金、征收文化事业建设费等方式，形成稳定投入增长机制。在这

一过程中，要注意将各级政府对公共文化投入的资金进行量化，如规定人均最低经费数额，以增强其可操作性和保障力度。可以考虑改革目前的财政预算办法，将文化、体育、传媒分开，把文化建设当成独立的财政预算项目，这样每年对于文化建设的投入数目以及增长幅度便能够一目了然。

其次，逐步厘清各级政府在公共文化服务中的事权责任和支付责任，为建立中央财政和地方财政合理分担的公共文化服务体系建设和运行经费保障机制奠定基础。应特别注重保障对于基层公共文化服务体系的投入，坚持以政府为主导、财政为支撑，把农村的公共文化产品和服务项目、公益性文化活动纳入公共财政经常性支出预算，完善中央和地方按项目、按比例分担的农村公共文化服务体系建设和运营经费保障机制，加快建立和完善以城带乡长效机制。

最后，政府是公共文化服务体系的管理主体，还应积极引导社会资本进入公共文化建设领域。目前，相关政策尚未得到普遍落实，但各地已经开始积极探索。广东省出台了《公共文化服务促进条例》。在这一政策指引下，深圳桃源居社区进行了有益尝试，在社区文化活动开展方面探索出了“五个一点”运营管理机制。一是政府承担一点。一些大型项目如社区文化艺术中心由政府出资兴建，拥有产权，然后委托社区经营。二是物业管理费补贴一点。就是从物业费总收入中提留 1％的文化费及 2％的公共设施维修维护费，用于开展社区文化及各类文化设施的维护。三是开发商赞助一点。四是社区公益组织承担一点。桃源居公益事业发展基金会由民政部批准捐资 1 亿元人民币设立，该基金会为社区居家养老、社区文化、社区教育、社区体育提供了资金扶持。五是社区义工组织奉献一点。重视社区义工组织，充分发挥其在社区管理中的重要作用，这一做法不仅保证了社区居民参与文化活动的权利，同时也大大降低了社区文化设施营运成本。

（二）形成公共文化服务多元供给机制，激发基层公共文化活力

目前，五级公共文化服务体系基本建立，基层公共文化设施水平较之前有较大提高，在这种情况下，如何创新公共文化服务机制激发基层公共文化活力就成为迫切问题。应进一步贯彻落实党的十七届六中全会关于公共文化服务体系“项目建设和运行管理并重”的思想，把公共文化服务体系建设“由注重硬件向软硬

件并重转变”的工作思路付诸实践。在我国，政府设置的公共文化机构在多元化供给主体中发挥骨干作用，政府通过其设置的公共文化服务机构向公民提供公共文化产品和服务，这是政府供给主体最主要的实现形式，各级文化机构应适应公共文化需求多元化、多样化发展趋势，把传统单一的服务拓展为综合性的文化服务。不断创新服务内容和服务方式，积极引导和激活群众的文化需求。要建立公共文化需求的表达、信息反馈和社会评估等机制，通过多种形式，畅通群众对文化的建议和参与渠道，及时调整服务内容。同时提高公共文化服务的信息化、网络化、数字化建设水平，增强对于居民的吸引力。在公共事务管理中要建立国家与社会、政府与公民、公共部门与私人部门的相互依赖、相互协商、相互合作的关系，要求由多元主体在协商合作的基础上共同管理公共事务，通过多元主体的“共治”达成对社会的“善治”，构建公共文化多元供给模式，积极鼓励和引导社会力量参与基层公共文化服务体系建设，形成“政府主办、社会参与、功能互补、运转协调”的公共文化服务组织机制。

（1）政府应积极制定、落实鼓励社会力量参与公共文化的制度和机制，搭建社会力量资助公共文化服务的平台

宁波市鄞州区被称为“中国博物馆文化之乡”，其民营博物馆建设就得益于政府的扶持性政策。鄞州区出台了《关于鼓励促进民办博物馆发展的意见》，从场馆建设与运作、资金补助、用地保障、人员配备、综合设施与服务配套等方面提出了详尽的扶持措施。同时，通过政府和民间的互动，创新了博物馆的运行模式，创造了“企业＋博物馆”“景区＋博物馆”“生产基地＋博物馆”“合作联办”等多种模式。这种借用民间力量发展博物馆事业的做法，既大力弘扬了具有自身优势与特色的优秀文化，也有效地拓展了公共文化服务体系建设的渠道，探索了公共文化服务方式多元化、社会化问题。

（2）政府通过民办非营利文化机构向居民提供公共文化服务

在多元参与的公共文化服务体系中，政府是主导，政府文化行政部门及其所属文化事业单位担负着组织、提供、监管公共文化服务的主要任务。但政府不能也不宜包办公共文化服务，应注重发挥民办非营利文化机构的作用。民办非营利文化机构，在提升公共文化产品与服务的质量与效率，回应居民多样化的精神文化需求等方面有自身独特的优势。政府应研究制定支持民办非营利文化机构的有

关经济政策，通过“民办公助”等方式加大扶持力度，创造有利于民办非营利文化机构培育发展的环境。上海市积极探索通过政府购买服务的手段，将民办非营利文化机构引入基层公共文化服务领域中来。例如上海市黄浦区打浦桥街道将打浦桥社区的文化活动中心委托给上海华爱社区服务管理中心运营，实现了街道公共文化服务由直接组织型向指导监督型的转变。

（3）政府鼓励公民参与提供公共文化服务

在公共文化服务的研究中，公民一直被视为文化权益的被动享受者，而忽略了其当成公共文化或文化建设主体的自主性价值，忽略了社会大众当成需求主体如何参与公共文化创造的问题。因此，在基层公共文化服务体系建设过程中，应引导鼓励公民参与公共文化服务。特别是在广大农村地区，要鼓励农民自己组织起来开展形式多样的文艺活动，通过农民文化节等当地农民喜闻乐见的文化形式，让农民发挥自身优势，自己演、演自己。要鼓励、扶植农民宣传队、个体放映队、民间职业剧团和农村业余剧团等文化实体，进一步出台优惠政策，为其发展创造良好的政策环境，充分调动和发挥农民自办文化的热情和潜力，使农民参与到公共文化产品供给的体系中来。

（三）建立完善的监督评估机制

（1）明确绩效评估原则、导向、机制

公共文化服务体系建设以实现公民文化权益为目的，其供给应符合公众需求、其运行应便利公众消费，因此考核评价也应突出需求导向、强化外部评价。首先，在考核评估过程中，要突破以往评估主体的单一性、评估过程的封闭性，建立开放性的评估体系。在开放性评估系统中，政府、公众、社会中介评估组织都是公共部门绩效评估的重要构成部分。在构建我国农村公共文化绩效评估主体系统过程中，这三大主体也是必不可少的。在基层公共文化服务中，建立以群众满意度为重要导向的绩效评估体系有利于居民文化权利的实施，有利于解决公共文化服务供需失衡问题。而第三方评估的介入，对于保障评估的专业性、公正性也具有重要意义。其次，将评估与监督有机结合起来，建立包括党委政府、社会服务对象、新闻媒体、第三方评估机构等多元参与的监督评估体系，提高评估的科学性、客观性与监督的有效性，通过客观准确地运行评估促进公共文化服务体系建设。

最后，要注意将考核体系进一步细化、下移，落实到街道、乡镇一级，从源头上加强对基层文化场馆的有效管理。在文化设施建设、文化队伍建设、设施管理使用、公共文化服务质量、工作创新等方面进行详细规定，从而保障基层公共文化服务体系高效运转。

（2）建立科学有效的评估体系

公共文化服务体系绩效评估的关键，是建立科学有效的评估指标体系。应引入现代评估理论与方法，健全运行评估机制，对公共文化服务体系建设与运行状况进行科学评估。首先，按照绩效评估的 SMART 标准（Specific 具体性、Measurable 可量性、Attainable 可实现性、Realistic 现实性、Time-bound 时限性）要求，以满足人民群众的文化需求、实现以人民群众文化权益为中心，科学合理制定能涵盖公共文化服务的各主要方面的指标体系，综合反映公共文化服务投入、产出、数量、质量、运行的状况等方面的状况。其次，在评估指标的选择上，要增加能够反映文化反作用的隐性指标、量化指标，构建科学合理的公共文化服务绩效评估指标体系。最后，在具体的评估方法中，可以在综合评分法的基础上借鉴平衡计分卡的基本框架，立足公共文化机构评估要求与评估体系基本设计原则，以使命和战略为中心，引入“顾客导向”管理与评估机制，力求形成系统性与关键性统一、战略性与动态性结合的评估体系。

（3）总结各地探索经验，细化指标体系

公共文化服务体系特别是绩效评估体系建设是实践性很强的课题，各地在国家政策引导、支持下，紧密结合自身经济社会发展特别是文化建设情况，大胆探索、积极创新，以各种方式、从不同角度探索具有地方特色的公共文化服务评估体系。提升基层公共文化服务水平是现阶段和未来相当长时期我国公共文化服务体系建设的重要任务之一。应进一步明确“责任在政府，关键在投入”的理念，充分发挥政府主导作用，保障基层公共文化经费，同时积极引导社会资本进入公共文化建设领域；创新公共文化服务机制，实现公共文化服务多元供给，形成“政府主办、社会参与、功能互补、运转协调”的公共文化服务组织机制，激发基层公共文化活力；建立完善的监督评估机制，提高监督的有效性与评估的科学性、客观性，强化组织自我认知、自我纠偏、自我驱动，从而提高基层公共文化服务体系建设绩效。

二、公共文化服务供给主体多样化

如今我国城市社区公共文化服务供给模式正在经历从行政主导供给模式向多元合作供给模式的转型阶段。

（一）行政主导的城市社区公共文化服务单一供给模式

我国传统行政型社区公共文化服务供给模式呈现两层结构，其中涉及两个主体角色，即当成提供者的社区政府主体（以街道办事处为核心的参与社区治理的各类政府机构或政府的下延机构）与当成需求方的社区公众主体。这是一种单中心供给模式，它只存在一个供给主体即社区政府，由于决策和管理权高度集中、效率低下、资金严重不足，这是一种低水平的公共文化服务供给。表现出以下特性：其一，它基本呈单向性且没有反馈机制，即基本上只有政府对社区服务的安排和包揽，而没有社区公众对政府服务的选择和监督，也缺乏服务质量的效果评价机制。其二，社区政府既是社区公共文化服务的提供者又是生产者。社区政府以“街居制”的管理体制生产和提供公共文化产品及服务，具体形式往往是政府生产、提供，街道协作生产、安排。其三，除政府以外的社会组织为政府所支配、所管制，没有独自承担服务能力，无法成长为独立主体力量。这种行政型公共文化服务供给模式难以保障公共文化服务的充分提供，具体表现为：①公共文化服务供给严重不足；②公共文化服务所需资金匮乏；③公共文化服务提供效率不高；④供给模式中居民参与度不高；⑤公共文化服务缺乏人力支持。因此急需构建一种多元化的公共服务供给模式。

（二）合作模式的城市社区公共文化服务多元化供给模式

随着我国社会建设和转型的加快，社区逐步开始成熟和完善，居民自治思想的普及，我国的社区公共服务开始渐渐摆脱政府的全权包办的管理模式，多种社会组织形式的出现，丰富了社区公共服务的供给主体，居民自治意识的加强，使居民逐渐参与到社区公共服务的供给当中去，由此，政府、企业、第三部门以及社区居民形成了良好的互动和参与，使社区公共服务供给逐渐摆脱单位制下的单一状态，向互动性、多样性、灵活性的方向发展。在社区公共服务发展的这个阶段上，多元化的供给主体逐步形成并在供给体系中日益发展壮大，开始在社区公共服务领域发挥作用，我们可以把这一阶段概括总结成城市社区公共文化服务多元化供给模式时期。

1. 社区公共文化服务供给主体多元化

（1）政府方面

社区公共文化产品供给的多元主体参与不是简单归结为政府退出某些供给领域，而是要提升政府服务能力，转变管理、调控、引导的方式。社区公共文化产品从本质上属于公共产品，其“公共性”的首要特性决定了在未来的公共文化产品供给体系中发挥主导作用的仍将是政府，但是，“主导”绝不能与传统的“垄断”画等号，政府应明晰职责、划分权限，这就要求政府除增强对社区公共文化产品的自身有效供给外，还应为其他社会力量如何向公众提供高效的社区公共文化产品提供指导和监督。首先，政府的责任和使命决定了其不可能退出供给，仍将以各种形式参与社区公共文化产品的供给，并且在关系到国计民生的公共文化事业中发挥直接干预作用。其次，供给过程要实现公正、合理、有序需要依附于良好的制度环境，这就要求政府必须制定相应的供给政策法规，为供给过程提供法律保障，提高社区公共文化产品供给的合法性和权威性。最后，市场和社会组织参与社区公共文化产品的供给，确实能提高供给的效率、扩大供给的覆盖面，但也存在某些缺陷，这就需要政府发挥宏观调控作用，从而实现社区公共文化资源的优化配置，政府在供给过程中做好宏观调控的同时，还应注重对供给参与者进行激励、引导，为他们营造良好的外部发展环境，建立平等、互信的合作机制。

（2）市场方面

社区公共文化产品中包括一些具有私人产品性质的准公共文化产品，这就为市场进入公共文化产品的供给提供了契机，而社会分工体系的发展和排他技术的提高使得市场提供公共文化产品变成了可能。随着市场经济的发展，市场在资源配置中的基础性作用得到了充分发挥。满足私人需要、配置资源是市场的比较优势，社区公共文化产品采用市场供给的商业化方式，不仅可以缓解政府一元主导的供给压力，而且可以更好地满足公众对于公共文化需求的层次性和多样性，因而，市场是公共文化产品不可或缺的供给主体。企业是市场的基本单元，存在的目的是最大限度地追求经济利润，其盈利性决定其必须“想方设法”地提高产品质量来满足群众需求，从而实现创收。企业的自主性、多元性、竞争性使其引用新的管理技术和方法参与供给，将会改变政府僵直、呆板的供给方式，同时，竞争机制的引入将改善供给效率低下、公共文化可控资源不足的问题，政府可以利用企业的竞争性来提高社区公共文化产品质量、优化供给机制，因此，企业一定会成为社区公共文化产品供给主体的一员。

（3）公民社会方面

政府失灵、市场失灵的存在使得非营利组织应运而生，非营利组织通过非营利、自愿的方式参与到公共文化产品的供给中，其“平民化”“志愿化”的运作模式更容易照顾到一些弱势群体，从而将社会福利辐射到底层群众，可以弥补政府和市场的不足，有助于彰显社会公平。随着社区自治的发展和公民综合素质的提高，社区、公民不再是单纯地消费和享受公共文化服务，而是逐渐参与到供给中。公民社会能将公平和效率很好地结合起来，必将成为社区公共文化产品供给主体的重要力量。

2. 社区公共文化服务供给形式多元化

提供社区公共文化产品是政府的职责所在，其供给过程必须有政府介入，但可以不由政府直接提供。随着公共文化服务建设的不断发展，社区公共文化产品的供给形式也将趋于多样化。社区公共文化产品当是特殊的公共产品，虽具有公共产品的属性，但在提供时可以获取多样化的形式，既可以政府直接供给，也可以采用间接供给，充分利用政策安排和预算安排形成经济刺激，引导和调控私人部门参与公共文化产品的提供，间接供给的方式有特许经营、经济资助、合同外包、政府参股等，这样一来，单一的政府供给形式将得到改变。

3. 社区公共文化服务资金筹集多元化

社区公共文化产品的供给主要来源于政府，但是单靠政府的财政保障是远远不够的，因此应该建立“政府专项投入—街道自筹资金—社会捐助—社区居民自筹”的多元化资金筹集机制。一方面要加强公共财政的基本保障作用。首先，政府应重视社区公共文化服务的基础性和先导性，将公共文化服务供给视为实现社区公共文化发展和繁荣的重要组成部分，为其提供更为完善的财政政策支撑。其次，政府还应把社区公共文化服务供给所需费用纳入年度财务收支计划中，建立公共文化服务供给的专项账户，同时以政府购买、专项补贴及财政优惠等财政投入手段来确保社区公共文化服务的供给，从而为社区公共文化服务供给提供可靠的资金来源和坚实的物质基础。最后，政府要有效整合各类公共文化产品资源的配置和利用，即政府应制定合理的公共文化资源配置标准体系，均衡不同社区间的公共文化产品资源、实现公共文化产品在社区间的有序、公平分配。另一方面鼓励社会资金资助和投入社区公共文化产品供给。鼓励各类企事业单位对社区公共文化产品的资金投入，鼓励各种社会力量参与社区公共文化服务的供给。

三、群众文化生活丰富多彩

随着社会经济的进一步发展，文化已经逐渐成了凝聚民族力量、展现综合国力的重要因素。因此，全面促进基层群众文化工作的开展尤为必要。我们需要针对实际的群众文化活动开展情况，采取有效的策略做好相应的工作，以为基层群众文化工作的进行带来帮助。

（一）把群众公共活动场所纳入规划，为群众提供更多的活动场地

健康多样的文化生活有助于培养美好情感和品质，使人身心轻松、愉快、协调，能够丰富个人精神生活、提高生活品质、减轻心理压力以及助力和谐社会构建。目前虽然各地方政府对于群众文化生活的重视有增无减，但是由于设施不够完善、场地不够充足等问题，群众休闲娱乐的产品和服务都难以满足群众的需求。每天早晚，城市的各个公园、广场、空地都会被人们用来开展文体活动，不论男女老少都有自己的文体爱好，都能在这里找到自己的文体团队，如老年人组建了广场舞队，年轻人会成对地打篮球、踢足球等。为了满足人们的文化生活需求，政府和开发商应该共同努力，在城市建设过程中增加公共活动场所的数量。这些场所应该涵盖休闲文化活动广场、大型文化活动公园、社区文化活动广场等，并且上述场所应当是多功能的，既能够用于休闲娱乐，也能够用于专业的健身锻炼，提供全方位的文体活动服务，让人们可以施展才华，锻炼身体，享受生活的各种乐趣。

（二）创建高水平的文化队伍

如果想要举办各种各样有趣的群众文化活动，那么强有力的文化队伍就是必不可少的。打造高水平的文化团队，能够促进社区文化活动的高水平开展，同时

更具吸引力，能够促使更广泛的人群加入优质的文化活动当中，推动社区文化事业的高质量发展。

基层文化单位需关注对爱好文体活动以及有相关特长的居民的挖掘和带动，鼓励、支持他们在社区内创办各种各样的文体爱好组织，如广场舞队、歌唱队等，为他们举办常态化的演出和比赛等提供有利条件，如“全民阅读季”“全民健身月”特色活动，使得这些组织成为社区群众文化活动的重要组织者和参与者，丰富居民的文化生活。如果我们能够充分推动文化队伍的发展，扩大文化活动的范围，那么居民将会享受到更加美妙的文化生活，感受到更多的生活幸福感。

（三）加强群众文化基础设施建设，提升服务能力

为了促进人民身体素质增强、丰富人民的精神文化生活、构建和谐社会，不容忽视的一项举措在于提供场地和设施等基础条件，以此为群众开展各种各样的文体活动创建广阔的平台。大家已经普遍认识到，公共基础设施建设在民生工程中与城市管理、市民素质提升齐名。有了良好的基础设施，群众进行各种文化活动才有了良好的物质保障，群众文化建设才能够不断推进。所以，我们应该努力健全和改善公共文化基础设施建设，重视文化阵地建设，尤其要加速区级文化阵地的建设步伐，改造和优化基层文化站，从而健全和优化公共文化服务体系，持续提高服务质量。我们要逐步构建一个新的公共文化服务体系建设格局，并且要突出“基础强化、保障有力、特色突出、活动常态”四个特点。这样，基层群众就可以更便捷地组织和参与丰富多样的文化活动，充分展现自己的风采，进而有助于提高地区整体的精神文化素质水平。就拿健身设施来说，现如今健身热潮已融入人们的生活中，人们越来越重视健康，并且越来越愿意参与全民健身运动。各种有趣的健身活动让人们更积极地参与其中，社区生活也因此变得更加活跃。应当按照“提升人民身体素质、提高生活水平、打造体育强区、促进社会进步”的理念，逐渐推广和举办更多的群众性体育活动。尤其要继续强化文化设施建设，维修和更新原有的公共体育设施，建设新的公共体育设施，建造健身广场，提供健身器材，确保老百姓能够具有充分享受健身活动的机会和条件。应加强对基层百姓健身需求的关注，并在居住区周边建设便捷的体育场所和设施，以便群众可以在家门口方便地进行健身活动，要根据基层、生活和百姓的特点安排设施布局，完全全民建设的硬件，进一步丰富人们的业余生活，提高群众身体素质。

（四）构建覆盖城乡的文化设施网络

随着现代化建设不断推进，城乡生活差距减小，城乡界限愈发模糊，城乡之间的互动交流也日益频繁，特别是在群众文化活动方面，城区专业演员和农村群众演员一同表演，传统民俗乡土文化与现代高雅艺术共存，这些文化交流促进了基层群众文化的网络化。与此同时，我们还建立了覆盖城乡的文化设施网络，努力让群众享受到更多的文化福利，以这些文化设施为群众提供无限的文化财富。例如每个村庄都设有至少一个文化广场、一条文化街道、一个村民办事服务中心，以及村级公共文化大院和农家书屋。而乡镇则建有县级公共图书馆、文化馆、文化广场等公共文化设施，以及镇级的公共综合文化中心。县级也设有县文体局，逐渐形成了三级公共文化服务设施网络。利用遍布城乡的文化阵地网络，并以满足群众精神文化需求为目标，可以举办多样化的群众文化活动，为广大人民提供丰富多彩的文化活动。

（五）加强群众文化活动的有序管理

群众文化活动是强化精神文明建设中不可忽视的组成部分，是强化人民文明素质的一大手段。我们应当大力促进各种群众文化活动顺利进行，同时也要强化对它的有序管理。例如，广场舞是现代生活中一种非常广泛的群众性文化活动，已经融入了社区群众文化建设中，具有促进社会和谐的作用。数据显示，广场舞已成为基层群众中最受欢迎的健身锻炼方式之一。然而，广场舞活动中也存在和引发了一些问题，如场地和设施的供需失衡、噪声过大影响周边居民、缺乏完善的扶持和管理机制等。为了营造健康有序的社会环境，营造和谐人际关系，构建和谐社会，我们要推动广场舞活动的规范化、社会化、实体化和专业化。要加强基层文化部门的队伍建设和改革创新，搭建更好的广场舞俱乐部平台，同时也要加强对广场舞活动的督查指导和秩序规范。制定一套完整的、可落地的、有效的管理制度，确保按照规范管理，使基层广场舞活动健康、文明、有序地进行。从而一方面满足人民群众对文体活动的需求，另一方面也促进社会和谐稳定，弘扬正能量。

第四节　公共文化服务和科学技术有机融合

在当前这个时代，科技正以惊人的速度发展着，科技成果应用到了现代社会生活的各个方面，引发了经济社会各方面的深远，甚至是革命性的变化。公共文化服务体系的建设也乘上了这股东风。在现代公共文化服务体系中，科技的作用不容小觑。它推动着传统文化事业向更全面、更均等、更有效的现代公共文化服务体系的转变，有力地确保人民群众的基本文化权益得到更好的保障和实现。

中共中央办公厅、国务院办公厅颁布了《关于加快构建现代公共文化服务体系的意见》。这份文件详尽地阐述了采用科技创新推进现代公共文化服务体系建设的重要决策，以及推进公共文化服务与科技融合发展的决策部署。这进一步表明了，中央政府高度重视并积极推进在公共文化领域应用先进科技、提高科技水平、改进体制机制、创新运行方式、提高服务效能的工作。

在促进公共文化服务和科技融合发展方面，首先要加强认识，改变观念。这一决策并非盲目追随潮流、搞噱头，或做面子工程，给公共文化建设制造繁华的假象，而是要紧跟时代发展，把握时代特点，更深层次地探讨广大人民群众获得、接受、享有、参与公共文化服务的方式、途径，同时认识和分析相关载体正在急速变化的现实。应以人民最基本的文化需求为立足点，利用先进科技解决当前公共文化服务建设中的主要问题，将其与发展公共文化服务效能有机结合。

其次，要因地制宜、讲求实效。公共文化服务和科学技术有机融合并非简单地建设几个工程、项目或者摊开几个铺子，不能走“村村冒烟”的老套路，否则很容易导致投入转化成果的效率低和财政浪费。为了实现公共文化服务与科技融合，需要探寻和遵循科技成果转化应用的规律和特点，并且结合地方人文传统、地域特色、民俗和需求习惯，同时考虑各地经济社会发展的实际状况和财政支付能力。只有这样，才能实现两者有效融合。

最后，应当尊重事实和开门发展。尽管公共文化领域是主场，但是要认识到科技的研发、应用才是破局的关键，对此，科技领域更具优势，而公共文化领域则是弱势。在过去很长时间的文化建设中，传统文化领域的各方面都与科技创新发展体系之间较为分离。公共文化系统内科技知识和成果的积累较少，没有足够的专业人才储备，只有部分环节会研发专用装备，少有与文化科技直接相关的机构、学科、专业、师资和企业。“尊重事实”，就是要直面这些不足。“开门发展”就是要保持开放的态度，去掉门槛，淡化部门意识，向所有的科技部门、机构、企业和人才打开大门，坚持务实、开放、快速的理念，尽快开展一批“融合”项目，孵化一批“融合”主体，培养“两栖”人才，并尽快取得一批“融合”成果。

基于意见中所规定的目标、任务及要求，需要集中精力通过科技创新来推动现代公共文化服务体系建设，这需要从如下五点入手。

一、以科技创新促进公共文化服务全面覆盖

公共文化服务的重点在于保障全体人民群众的基本文化权益，因此，我们要不分地区、不论城乡地全面、均衡地提供公共文化服务，使其全面、均衡覆盖全城乡。然而传统文化事业条件下，公共文化产品和服务缺乏充分的渠道和方式，使公共文化产品、服务能够远距离地发挥作用，并且保持长久的效果，尤其难以有效覆盖那些交通不便、人口稀少的偏远山区、贫困地区和边疆海岛。现代科技，尤其是数字网络技术，改变了传统公共文化产品和服务提供所受到的时空、渠道和手段等方面的制约。这一突破使得在线远程提供、实时同步提供、专用装备就近提供，以及交互式、体验式和跨区域提供等有概率实现，让之前难以全面覆盖等问题能够轻松解决。

二、以科技创新促进公共文化服务均衡发展

公共文化服务需要有效覆盖所有地域空间，同时做到不分男女老幼、贫富贵贱的全覆盖。我们需要逐步深化公共文化服务的城乡均衡发展，推进各群体间享受公共文化服务的均等化。这些要关系到更深层次和更本质上的社会公正。就事论事，传统文化事业建设也关注公共文化服务的普及和均等化，但由于当时的科技水平和资源限制，以及传播渠道不足等局限性，心有余而力不足。以山区村寨为例，其所处地理环境闭塞，交通不便，人们靠着自己的双肩和双足背负、运输书刊，难以让村民获得足够的图书等文化资源。也由于特殊渠道和手段的不足等因素，针对特殊群体的文化服务也一直存在长时间的服务资源总量不足、成效不佳等情况。然而，现代数字网络技术提供了许多解决方案，如数字文化一体机、

小型无线发射装置、远程实时辅导系统和专用视听设备等技术手段，能够将大量的公共文化产品和服务快捷、精准、低成本地传送到各个地区，并且能够在很大的地域和领域中对产品和服务进行远程更新、同步，以及接受人们的实时评价。科技创新正在通过创造新的技术环境，帮助边远和贫困地区公共文化服务进一步均等化发展。

三、以科技创新打通公共文化服务“最后一公里”

长期以来，在传统的文化事业框架下，存在着一些阻碍群众享受文化服务的“最后一公里”问题。其主要包含如下几种现象：在群众只有亲身到达一定场所才能够享受公共文化场地和设施时，“最后一公里”就是距离和交通；当没有足够的资源和资金时，机构拼尽全力只能勉强维持存续，“最后一公里”就是机构的能力低下；在所提供的服务不够专业时，“最后一公里”就是服务者的状况、态度和行为。必须认识到公共文化服务是服务于人，其基本要求就是以人的需求为导向，坚持以人为本和服务到人，如今现代公共文化服务体系建设和跟上现代社会生活方式变化也提出了这样的要求。在如今的社会中，集体分化为多样化的群体，人们的个性化兴趣爱好以及多元化的渠道等越发显著，必须采取科技手段，才能够有效地克服传统服务方式所带来的限制。在此之前，包头市借助小型无线发射装置，让当地人即使在居住场所随游牧移动的情况下，也能够轻松地获取文化资源；苏州市建设了通信传输渠道并推出了“掌上苏图”服务；这些举措都是借助科技借助“最后一公里”，便利人民享受公共文化产品和服务的体现。现代社会需要充分借助信息技术，适应群众需求，促进服务途径多样化，跟上多元化的供应主体和传输渠道的变化，避免内容空泛、目标不明确和大量一般化的产品和服务，而是针对个性化需求和群体化需求提供精准的公共文化产品和服务，才能够提高公共文化建设成效。

四、以科技创新改进服务方式、提高服务效能

内蒙古自治区图书馆推出了一项名为“彩云服务——我阅读、你买单”的新型公共图书馆服务系统，该系统以信息技术集成应用为基础，颠覆了传统的在世界范围内长期使用的“采访—分类—编目—典藏—流通—阅读”流程，使原本位

于最末端的阅读变为最前端，重新构建了“阅读—采访—分类—编目—典藏—再出借”的新流程，并且成功建立了新的信息化服务平台。这一平台包含多个模块，使得读者阅读、图书馆服务、书店销售、出版生产、作者创作等环节连接在一起，实现了读者需求导向的平台互通、信息互联、服务共享，这一举措成效显著，大幅提高了图书的出借率，提高了读者持证率和到馆率等，吸引和方便了更多的读者享受公共图书馆服务。嘉兴市推出了集文化、产品和服务于一体的“文化有约”服务，通过数字网络技术，打造了新的公共文化综合服务平台，为市民提供了“一站式”服务。张家港市在基层社区实施了“24 小时图书驿站”网络，借助物联网技术实现自动化管理和自助服务，为群众提供方便的公共图书阅读服务。若缺乏科技创新的支持，这些服务方法的创新和效能的提升是无法实现的。

五、以科技创新拉动文化消费、带动相关产业发展

如今，自助借还设备不断更新换代，并且在公共图书馆领域获得很多研发成果，多家企业成功上市。数字文化馆和数字博物馆的建设不断开展和深化，许多高科技大企业和不少在相关科技上比较精深的中小企业逐渐涉足这个领域，预计在文化技术装备的研发和制造方面，将出现一个新兴行业。借助数字网络技术，江阴市在社区附近的咖啡厅等场所承接了图书馆的书架展示、读者证办理、图书借还等功能，使社区居民能够更便利地享受这些服务，同时推动了社区文化休闲服务业的健康发展。重庆市北培区开创性地建立了群众文化艺术远程培训系统，长沙市运用数字网络技术开展了“全民文化艺术素养提升工程”，借助数字网络将大量优质的艺术培训资源实时同步到基层，以此吸引更多群众加入文体艺术活动，这一方面培育和增加了文化艺术市场的消费者群体，另一方面促进了文化设备、器具和材料的销售。上述经验验证了科技创新切实地使以往文化事业与文化产业相分离、两条线的情况变革，加强了公共文化引领和辐射产业发展的作用，同时也成为经济方式转变和产业结构调整的新的增长点。

第四章　公共文化治理的逻辑理路和制度基础

本章主要论述公共文化治理的逻辑理路和制度基础，详细介绍了公共文化治理的战略面向、功能定位和原则，公共文化治理的制度平台以及公共文化服务的组织载体。

第一节　公共文化治理的战略面向、功能定位和原则

一、公共文化治理的战略面向

如今，公共文化治理已经成为公共文化发展的主要推动力量，同时也是公共文化建设现代化的必要手段。其应当重点关注国家文化主权、公民文化权利、社会公正和谐等议题，以文化自觉、文化生态和文化认同等作为实践的方向指导，制定公共文化发展的战略蓝图和行动方案策略。

（一）文化自觉的战略面向

1．文化自觉的理论内涵

文化自觉，是相对于文化自发而言的，是“认识主体基于对哺育着他成长的那种文化的认识而觉悟、觉醒，并且表现为维护和发展这种文化的自觉实践”。[①]“文化自觉”概念在中国的提出，有着特殊的时代背景和深刻的历史渊源。就时代背景而言，随着我国现代化建设的深入发展，国家文化建设的重要性和紧迫性日益显现，它不仅关系到国民的文化生活和精神素养，而且也关系到国家的文化秩序和文化安全。就历史渊源来看，中国传统文化自五四运动以来遭到无情的批判，由此国人逐渐形成对传统文化价值的曲解，以至于传统文化在现代文化

① 张月泉．关于文化自觉与建设社会主义文化强国的若干思考［J］．桂海论丛，2012，28（2）：1-5．

繁荣发展和交流传播中失去了应有的地位。文化自觉的概念正是在对这种“妄自菲薄”的论调和意识理性反思中形成的。

“文化自觉”概念一经提出，便引起了社会各界的关注和反思。文化的自觉就是要清醒的认识到文化和文明于人类的意义必不可少。反过来讲，如果人类一旦失去文化的自觉，便会陷入迷茫、杂乱无序、良莠不分、失去自我，甚至重返愚蛮。此外，文化自觉还指对本民族文化的起源、形成、演变、特质和发展趋势的理性把握。文化自觉，也意味着文化发展应具有世界眼光，能够理解其他民族的文化，增强与不同文化之间接触、对话、相处的能力。

由于文化自觉语义十分复杂，其内涵也就非常丰富。经常会由于研究角度和关注重点的差异而产生各种不同的看法。就文化自觉的意蕴，比较有代表性的观点有认识论、价值论和本体论。① 就认识论而言，文化自觉是人们利用特定的思维和方法，对文化进行一种认知性的理解，表现为对文化变迁和发展的本质和规律的科学认知。从价值论意义来看，文化自觉是人的一种价值建构和价值追求，具体表现为人们在文化价值选择和建构过程中的一种价值取向。从本体论意义上，文化自觉通常被看作是人的自觉、是对人所从事的社会实践的自觉。从本质上来说，文化自觉是人类在生存和发展过程中，对人及其文化存在状态、现实使命、未来走向的自觉。文化自觉不仅是一种对文化认知上的意识觉醒，还应当是文化实践上的责任担当。党的十七届六中全会立足国家发展的战略高度和科学发展的全局事业，对文化的地位和作用做了全面、深刻的论述，对文化发展规律有了更加科学、准确的把握，对承担文化发展的历史责任有了更加明确和清晰的认识。

2. 文化自觉的战略意识

一定程度上说，文化发展从根本上决定了一个民族和国家发展，其作用深刻地蕴含于民族的生命力、凝聚力和创新力之中，对于国家和国民的发展都是不可或缺的。根据阿尔文·托夫勒（Alvin Toffler）在《第三次浪潮》中的观点，即使在科技、经济方面发展良好，但如果在道德、美学、政治、环保等方面不断落后，则该社会无法被视为一个进步的社会。这意味着，文化是社会进步和文明发展的重要尺度，也是国家发展和繁荣的动力来源。为了稳固新成立的人民政权，中华人民共和国在其早期明确文化发展围绕着意识形态开展，这一时期，我国社会文

① 张冉. 文化自觉论 [D]. 武汉：华中科技大学，2010.

化生活的中心就是社会主义共同理想和政治信仰，导致了社会文化生活的单一和同质化。自改革开放以后，国家把经济建设放在社会建设的首要与中心位置，逐渐形成了既注重物质文明又注重精神文明的双重发展思路。开始时，文化政策被视为一种工具，维护意识形态，后来文化政策逐步变为规范和调控文化事业的发展，引导大众的日常文化生活价值观，以及合理调节社会文化生态。

21世纪以来，文化自觉有了新的时代背景和实践内涵。党的十七届六中全会首次提出了建设社会主义文化强国的重要战略目标，对我国文化建设提出了更高的要求，并勾勒了宏伟的发展愿景。党和国家在用更宏观的目光审视文化发展问题时，不仅注重维护意识形态安全和文化主权，还着眼于保障公民的文化权利、满足人民的公共文化需求、维护文化生态平衡等方面。为此，党和国家提出要深入贯彻科学发展观，以建设社会主义核心价值体系为主导，努力建设社会主义文化强国，不断提升国家文化软实力，自觉弘扬民族优秀传统文化，为人民群众提供更好更多的精神食粮；提出要把推动全面协调发展，持续增强人民的精神力量，为深化改革开放、推动科学发展、促进社会和谐提供持续的精神动力和良好的文化条件。

3. 文化自觉的责任担当

文化是在漫长的建设和发展过程中不断进步的。人民是建设、创造和传承文化的主体，任何国家和民族的文化都形成于人民在长时间的社会实践中的积淀。社会主义文化建设的关键在于认识和认可人民群众在文化建设中的重要角色，即“创造、享有和表现主体”，只有如此才能够推进文化建设的发展。

一个健康的人必然知道他自己创造的文化的大致走向和价值，所以能够明确自己的目标，具备清晰的思路，并自觉自发地参与文化创作和实践。目前，人民群众还没有完全形成、彻底觉醒文化自觉意识，所以有必要并且应该强调党和国家在人民群众文化创作活动中的“定向干预”和“目标引领”。这是必须的，也是不可或缺的。国家目前实施的“双百”“二为”“三贴近”等，对于维护和强化人民群众的文化主体性和防止其文化工作异化等方面有着非常重要的指导作用。我们应坚持和不断突出人民群众在文化领域的主体地位，始终相信优秀的文化艺术作品都来源于人民群众的现实生活。同时，我们需要保持开放、学习、融合心态，吸取其他优秀文化的营养，实现在文化表现上的主体性、开放性、兼容性和批判性的统一。在维护和强化人民群众主体性的前提下，还要注重文艺工作者的指导性。事实上，不仅需要发挥国家文化建设政策的作用，还需要文艺工作者和艺术家立足于人民现实生活，投入人民群众文化创作，并对相关活动提供指导和关怀，才能够实现人民群众的文化主体地位。

（二）文化生态的战略面向

1. 文化生态概念的语境

文化生态学是一门将生态学的方法运用于文化学研究的新兴交叉学科。1955年，美国人类学家朱利安·斯图尔德（Julian Steward）发表《文化变迁的理论》一书，侧重探讨文化与自然环境的相互影响，由此创立了文化生态学。从文化生态学的视角研究文化，重点在于探讨自然生态环境与特定文化模式之间的关系，解释不同文化模式赖以产生的自然生态根源。就此而言，文化生态学是文化人类学的重要分支，为特定文化模式的产生与演变提供理论范式和分析工具。

需要指出的是，“文化生态”并不是“文化生态学”的专属概念。立足于文化哲学理论层面，“文化生态”指的并不是人类的文化和行为与其所处的自然生态环境之间的相互作用，其实，其描述的是文化具有生态化特征，也就是文化系统中不同文化形式之间的相互作用和结构形态，是一个涉及文化性质和存在状态的概念。立足于文化哲学角度看待文化生态，是借鉴生态学的方法论，对社会现实中的文化多样性进行生态学考察，以此描绘出文化系统中各种形式之间的关联结构。文化生态是一个涉及多个维度、处于变化状态的综合概念。传统文化、现代文化与当代文化之间是历时性的生态关联，体现的是文化生态意义上的遗传性变迁；而同一时期不同文化形式——主导文化、精英文化、大众文化之间则是共时性的生态关联，体现的是文化生态意义上的竞争性共存。①

人类是一种社会性的生命体，既与自然生态密不可分，也与文化生态紧密相关，不能脱离两者而存在。前者具备可持续利用的资源促进人的全面发展，因此人类和自然之间应当保持和谐共生的关系。后者含有丰富多彩的文化形态，它们不仅使人的发展获得了深刻的文化意义和社会价值，还深远地影响着个体人格的形成与完善、素养提升、个性的形成以及民族精神和国民性格的形成。假若一个

① 徐建．当代中国文化生态研究——基于文化哲学的视角［D］．上海：华东师范大学，2008．

民族或国家不尊重自身文化生态，断绝自身与历史文化传统之间的关系，打破不同文化形式之间的相对平衡，那么这个民族或国家就必然会不断衰落，失去在全球多元文化结构中应有的位置。

2. 社会文化形式的多样性

多样性是人类文化存在的基本样式。人类历史发展中，不同的民族（族群）在生产生活基础上形成不同的文化模式；同一民族集合体，不同地域的人口也会形成不尽相同的文化形式。前者即民族文化的多样性，后者即地域文化的多样性。就文化变迁而言，任何文化都不是割裂与历史脐带的联系而孤立存在，表现为传统与现代承继中创新共存。就文化形式而言，任何文化系统都不是单一文化形式的独存，而是多样文化形式的混存，突出表现为主流文化、精英文化与大众文化的竞争性共存。

中国的文化发展不是文化领域的孤立的发展，而是政治上宣扬主流文化同时重视文化多样化发展、经济上文化事业和文化产业共同发展的路径。这造就了社会文化形式多元共存的文化生态格局。立足于社会文化业态属性，如今中国文化体系上包含文化事业和文化产业两部分，两者分流的同时共同发展。立足于文化形态反映的价值取向角度，中国文化生态格局包含主导文化、精英文化和大众文化三部分。

（1）文化事业与文化产业

市场经济条件下，文化因经济逻辑与政治逻辑的分野，导致了文化领域从“领域合一”走向“领域分离”。[①] 当代中国文化建设发展的一个突出特点就是区分了文化事业与文化产业各自的属性，使其各归其位，各在其所。文化事业是为满足人们娱乐、休闲、求知、审美、交际等精神需要，并提供经费、场地、器材和服务的社会公益性活动。文化事业的本质在于文化服务于人类的公益性特征，其运行是以人类的精神旨趣和社会效益为目标，注重的是民族文化的代际传承和公共文化的全民共享。与之明显不同，文化产业是为满足人们个性化、私利性文化需求而以市场方式运营的文化产品的生产、流通、交换等经营性活动。文化的经济逻辑突出文化的经济利益，注重文化市场的供求规律和价值创造，关注文化生产力的发展。当然，文化事业与文化产业的区分是相对的，树立科学的文化发展观，就是要统筹公益性与市场性的要求，促进两者协调发展。

---

① 许明. 当代中国的文化发展 [M]. 北京：中国大百科全书出版社，2008：285.

（2）主导文化、精英文化与大众文化

从价值取向上看，社会文化系统分为主导文化、精英文化、大众文化三个层次，呈现三种文化共存的格局。主导文化是以国家权威为基础建立的文化，带有浓厚的正统意识形态色彩，致力于推进政治合法性和塑造国家文化认同。主导文化是文化生态中的关键因素，功能为凝聚、评价、选择、收编、延续等，也因此能够决定文化生态的发展方向。精英文化的主体是知识分子及其精英，目的是表达这部分人群的审美喜好、价值观和社会责任，是一个国家和民族的文化水平的最高代表，其蕴含的价值观深刻、长远地影响着社会。其主要功能为主体创造、规范引导、社会教化、批判现实等，是其余两种文化之间的桥梁。大众文化是普通群众共同喜爱的文化，形成于现代工业社会，是以大众传媒为主要传播方式的，向人们提供感性娱乐的文化形式。随着市场经济的不断发展，大众文化飞速兴起，如今已是广大民众精神生活中最为必不可少的需求，其影响力和渗透性十分广泛。尽管三种文化的基调存在很大差异，但处于彼此影响、补充，共同发展的关系之中。为了实现社会文化的和谐发展，不同文化之间需要进行积极的交流和互动。

3. 文化生态平衡的旨向

文化“生态平衡”重点在于实现“弘扬主旋律，提倡多样化”，正确认识主导文化、精英文化和大众文化之间的差异和联系，深入理解三者之间的竞争性共存。在公共文化建设与发展中，需要重视三种文化形式间的交流与动态平衡，一方面要弘扬主导文化，以其引领大众文化的发展方向，同时滋养人民群众的精神；另一方面要以精英文化的思想指导、学术喂养来提升大众文化，提高大众的文化素质和精神境界。

随着社会的转型，中国社会的文化生态也随之深刻变化。改革开放后，“国家大政方针的调整，犁松了政治意识主导一切造成的已板结碱化的文化土壤，大众文化的稚芽开始萌动、生长，并进而形成今天的繁荣景象”[①]。大众文化已成为日常生活中不可或缺的文化形式，并有效地满足了社会大众多元化的文化需求，在这一方面扮演着至关重要的角色。消费是大众文化的中心，大众文化的互动形式多为娱乐休闲，更注重展现个人意志和特点，其价值取向多元化，精神实质娱乐化，表现形式通俗化。如果没有适当的自我约束和必要的外界限制，那么大众

① 许明．当代中国的文化发展［M］．北京：中国大百科全书出版社，2008：168．

文化可能会趋于庸俗和堕落，这样会导致社会文化价值失范，并挤压和威胁主导文化、精英文化等文化形式的生存，破坏文化生态平衡。

为了促使文化朝着正确方向发展，以及构建平衡的社会文化生态，必须以先进文化为重点，利用其引领作用，修正文化方向，构建文化—意识形态。从这个角度来看，公共文化的特殊之处在于它在价值取向上的双重要求，即一方面要求以核心价值体系为引领，另一方面要求以公众需求为导向，因而公共文化能够利用广受人民大众欢迎的文化形式，宣扬先进文化，从而促进良好的文化生态。具体而言，以核心价值体系为引领意味着，以社会主义先进文化为指导，始终坚持其前进方向，通过社会主义核心价值体系来引领社会文化建设。以公众需求为导向意味着，以保障文化民生、促进文化公平为目标的公共文化建设，致力于满足人民在精神文化方面的需求。这也反映了，公共文化的意识形态特质和社会共性，在某种程度上是主导文化与大众文化之间沟通的桥梁，其有助于传播、宣扬先进文化，能够有效保障人民的文化权益，具有构建文化秩序的功能，因而能够维持社会文化生态的平衡。

如今文化领域为文化事业和文化产业“二元分流”的发展模式，所以文化建设也要兼顾这两个方面：一方面要着力推动文化事业协调发展，为人民的基本文化权益提供有力保障；另一方面要引导文化产业科学布局，构建规范合法的文化业态和市场。这样，有助于两者良性互动、互相补充和促进，从而实现文化事业和文化产业互促共赢的发展。在建设民族文化工作中也要兼顾两个方面：一方面要关注传统文化，要以“创造性转化”和通俗表达为重点，以传统文化激活人们内心传统的道德精神，进而促进社会道德精神的重建，为我国现代化建设提供宝贵的精神资源；另一方面要关注现代文化，以培育和挖掘其中的精神内核和人文价值为重点，将之融入社会主义核心价值观体系，为社会和谐发展营造人文环境。在推动民族文化繁荣发展上，任何人为虚化与历史联系的文化基因，都可能使中华文化在全球竞争中失去应有的位置。

（三）文化认同的战略面向

1. 文化认同的现实语境

文化认同成为全球化进程中备受关注的话题，是认同危机所带来的影响。现阶段世界发展形势的主要特征包括经济的全球化和政治的多极化。前者让经济交往超越了国界限制，逐渐形成了地区性或者国际性的生产分工体系，每个国家的经济都成了全球经济链中的一部分。伴随经济全球化带来的一系列变化，中国充分利用机遇并发挥自身优势，迅速崛起并成为“全球制造中心”。尽管各国在经济方面的融合越发深入，逐渐实现了互惠共赢，但政治多极化的趋势并未因此改变。全球化的快速发展之下，传统生活环境下的人们在面临内外环境的急剧转变时，其文化认同不可避免地发生了变化，从而引发了文化身份多样化的现象。在这种情况下，中国需要建立自己的身份认同意识，培养文化自强、文化自信的信念，让国人更加自觉地认同中华文化。

随着工业化、现代化的快速发展，大众文化迅速崛起。它展现了多元的价值取向，采用商业化的运营方式，提供娱乐性的情感体验，并追求通俗易懂的表现形式，获得了市场的高度认可，占据了社会文化市场的主要角色，其卓越的亲和力和抚慰人心的功能为观众所接受和认可。“大众文化是大众在文化工业产品和日常生活的交界面上创造出来的”[①]，它能够满足一般民众在日常生活和文化方面的需求。但是，其过度追求娱乐功能，很容易导致文化的价值错位和功能失衡。这样会使大众文化生活变得缺乏深度，过于沉浸于消遣和游戏之中，人对理想与信仰的追求逐渐弱化，而趋于追求感官享受，文化的价值理性受制于工具理性，或多或少地导致了精神空虚、信仰缺失和道德滑坡等问题。在这种情况下，国家应该发挥主导作用，在文化建设方面倡导主流声音，掌握主导权，引领多元社会意识向先进文化靠拢，重新塑造全社会共同的理想和价值观念，提升人们传承和创新民族传统文化的自觉意识，加强中华民族的文化认同。

2. 文化认同的意义表达

在现代社会，认同问题是一个至关重要的议题。“认同”一词最初源自心理学，意指“个体或群体在感情上、心理上趋同的过程”[②]，用以描述人的心理发展过程中的一种结果，即归属感。据哈贝马斯的观点，人们相互之间的认同是建立在相互理解、共享价值以及互信的基础上的互相依存之中，是彼此之间的接受和认可。这常常关联于一些可以理解和正当的、共享性的利益、价值观或准则。在指涉社会行动者时，认同指的是基于一定文化特征或相关的成体系的文化特质之上构建

① 费斯克. 理解大众文化 [M]. 王晓珏，宋伟杰，译. 北京：中央编译出版社，2001：31.

② 车文博. 弗洛伊德主义原著选辑：上卷 [M]. 沈阳：辽宁人民出版社，1998：375.

意义的过程。认同是由特定的文化背景塑造而成的，同时又会严重影响着该文化模式。在一个社会中，认同是一种黏合剂，可以把社会中的人们紧密团结在一起，使社会共同体得以存在和延续，建立在共同的信仰、价值观、精神和情感基础之上。从本质上说，认同是指社会行为者对某一认同对象或社会属性的趋同性和共识性。由于社会包含多个方面、极具复杂性，所以认同也具有多种表现形式，其中包括但不限于国家认同、民族认同、政治认同和文化认同等。

人们在文化上的倾向性共识和认可，被称为“文化认同”。人们对自然的认识不断提高、总结和升华，从而形成了这种文化认同，它指导和支配着人们的思想准则与价值取向。文化是由人类主导的，人类是文化的创造者和发展者，然而文化也同样对人类产生了深远的影响。人与文化之间相互交织、相互影响，不可分离。人类存在于集体和社会之中，每个人类个体形成文化认同的过程，必然发生于一定的文化环境之中，并受其深刻影响，所以，人类个体的文化认同存在一致的可能，文化认同才具有群体性。民族国家中，整体上看，一个国家的文化就是一个民族的文化，民族就是主权范围内文化的最高形式，所以民族文化具备整体性，并且在一个国家的范围内占据最高的主导和统摄地位。多民族国家中，民族文化就不是单一民族所创造和统摄的，而是由各民族在长期的交流和融合中逐渐形成的，是融汇了不同民族文化的一部分而形成的整体的文化模式。从这方面来看，中国的文化认同是指中华民族的整体性文化认同，这种认同是基于中华民族共同的心理、意识、信仰、情感、生活方式等建立的，具有整体性。在民族形成、存在和发展的过程中，文化认同是最为重要的内聚力之一。在民族诞生和演变的过程中，各种文化群体以一种文化认同为中心，逐渐融入民族主体，对民族形成归属感和归属意识。

本质上，文化认同是个人价值选择和意识形成的过程，这一过程中，外在的文化逐渐融入自身的信仰体系、价值观念和行动准则中，表现为人们自愿认同并积极实践共同体的文化，确认和认同自己的文化身份、认可共同的价值观、遵循共同的行为规范。文化认同不仅个人拥有社会归属，也为整个社群注入存在和延续的内在动力。在推动民族国家整体化和发展与统一的过程中，文化认同具有至关重要的作用。它不仅是形成国民整体性和统一性的先决条件，也是构建国民共同价值观、维系社会秩序的支柱。

3. 文化认同的建构方向

文化在本质上是人类行为的产物，是人们共同遵守和传承的规范形成、传播和认同的过程。文化“作为一套行为系统，其基本要素是传统（通过历史衍生和选择得到的）思想观念和价值，其中尤以价值观最为重要”。[①] 文化的强大在于它所包含的价值体系的强大。价值体系一方面是个体形成自我认同和社会认同的基础，另一方面也是社会有效整合成员的方法。从某种角度看，文化认同其实就是价值认同，实质上是社会成员会用社会价值规范改造和同化自己的价值观，是他们承认、内化并遵循社会价值规范的过程。文化认同表现为人们在追求、选择和遵循某些价值观方面具有一致性、统一性和可接受性。通常情况下，某种特定文化形式往往与一定的价值体系实现相关联，前者就是后者的载体和场景。在建立文化认同时，最重要的一点是认同文化的核心价值观，所以需以建立共识性价值观体系为基础。

文化认同是在认同危机的语境下受到关注的。在市场化和全球化场景下，当代中国出现了较为普遍的认同危机，表现为多元文化认同的迷茫、传统文化价值的消退、物质享受的过度追求、个人主义的极度膨胀等；表现为对西方文化价值的推崇、文化产品的狂热、生活方式的迷恋。如果不建立一套共同的核心价值观，并以此为引领重塑文化认同，以应对日益增多的不同文化的涌入，中国的现代化建设中很容易会出现精神信仰空洞，以及认同危机导致的自我舍弃等问题，这都可能导致中华民族的文化基础被逐渐摧毁。现今中国在“以人为本”理念的先导下，开创了构建中国价值体系的全新方向，聚焦于人的生存和发展，呈现一个不断发展、连续积累的文化历史过程。

中国文化的发展要求建立和传播社会主义核心价值观，以此来加强中华民族的文化认同，并促进全社会对于发展形成共同认识。建立社会主义的价值体系，应当着眼于为人们提供精神信念和规范体系、使人们获得的社会归属和时空定位、提升国民的个人修养以及充实、优化社会道德基础，团结和凝聚国民意志以形成共同理想。所以，当代中国的核心价值体系必须包括四个方面：以提供信仰体系和评价依据为宗旨的中国化的马列主义；以提供历史定位与时空归属为要旨的民

① 鲍柯克，汤普森．宗教与意识形态 [M]．龚方震，译．成都：四川人民出版社，1992：25—26．

族精神和时代精神；以提供团结和凝聚力为依归的社会主义共同理想；以提供自我认识与自我修养为目的的社会主义荣辱观。这四个方面之间存在独立和联结的辩证统一关系，是对意识形态、民族文化、发展共识、道德体系等的整合，是现代中国社会文化体系的总体面貌，构建文化认同的总体框架和基本路向。

社会主义核心价值体系的最重要作用在于通过全体国民对它的普遍认同和自觉践行，实现社会的和谐稳定和繁荣发展。但是，价值认同不是彻底的主观存在，难以仅仅依靠道德说教而实现。马克思说："人们为之奋斗的一切，都同他们的利益有关"。① 社会认同与利益密不可分，其形成需要充分的利益基础，也就是不同人群的共同利益底线。从这个方面看，价值共识最重要的就是领导和解决国民最紧急、最重要、最实际的基本利益和切身利益问题。这里所指的利益是涵盖了各种人类需要有关的活动、形式及过程，其包括经济、政治、文化等多个方面的利益。也就是说，价值认同的形成来源于对可以满足需求的价值的认可和确认，以及所有社会成员所希望和追求的理想价值。就这个话题而言，可以说公共文化的价值导向性、社会公益性和全民普惠性正契合了社会的价值认同，这种契合体现在公共文化建设一方面要为公民文化权利提供充分保障，另一方面还要传播社会主义先进文化。公共文化服务包含多样化的诉求，如公民权利、公共利益、文化传承、价值引导等，所以公共文化服务可以借助大众文化活动，润物细无声地传播先进社会文化和核心价值观念，同时保护和传承民族优秀文化，构建社会道德规范和国民公共精神，营造社会文明风尚，创造公共生活空间。上述内容正与价值认同密切相关，是推动社会文化认同的内在力量。

二、公共文化治理的功能定位

公共文化建设是当代中国重要的政策议题，是一项内容繁复且形式多样的文化事项。文化是一个结合了价值观念和客观事实的复杂产物。它由内在的意义本体和外在的文化事态两部分组成。为了确保两者保持存在性均衡和整体性协调，从而使后者能够升华至对应的意义坐标，应当立足于价值层面，明确公共文化分层，以合理地明确其社会功能的定位。

---

① 马克思，恩格斯．马克思恩格斯全集：第 1 卷 [M]．中共中央 马克思、恩格斯、列宁、斯大林著作编译局，译．北京：人民出版社，1995：32．

（一）公共文化的价值分层

在日常用语中，人们任意使用“文化”这个概念，并将其视为与日常生活有关的概念，“文化”看似丧失了稳定的概念坐标和语义边界，也就难以进行价值定位和意义表达。实际上，文化是由价值和事实交织而成的复合物，其中包括内在的意义本体和外在的文化事态两个方面。若过分侧重于认知某一文化事态的概念或者制订对应的处置方案，就会导致文化建设走上工具主义的错误道路，遮蔽“人与社会的复杂意义关系以及社会意义的本体复杂结构”。[①] 反过来，若过度偏重对意义本体的深层思考，则文化建设可能会被价值思辨所束缚，不接地气，甚至会因为脱离生活现实而变得无法落地。当代中国公共文化建设，要合理安置诸如制度安排、政策选择和服务提升等目标，就必须意识到与它们不可割裂的意义关联和价值关联，因而必须在宏观架构中预置诸多总体性的前提条件。这就是说，保证公共文化建设的正确方向和合理路径，最大限度地追求公共文化政策目标的清晰性，就必须立足于目标定位中的价值分层，将公共文化由高到低切分为意识形态层面、公共性层面和民间性层面。只有这样，公共文化建设才能避免过度强调某种价值观念而功能不全，才能在繁杂的文化事态前保持清醒的头脑，才能避免陷入对意义的过分争论，有效地把控文化发展方向。

在探讨公共文化政策时，无法忽略意识形态这个重要的参考因素。这是因为意识形态早已成为现代国家的概念中的一部分，也因为文化和意识形态之间的界限不明显。在当代社会中，公共生活涵盖的方面越来越广泛，其结构不断扩大，意识形态则有一定的收敛，但是这并不代表双方是绝对对立和排斥的，反而两者相互联系，相互共存，且都发挥着各自的利益指向作用。在全球化的冲击下，世界文化多元而繁荣。然而，在文化政策层面，意识形态有其合理性和稳定性，要对其作出妥善安排，这是维护国家文化安全和保持民族文化传承的关键所在。核心价值的凝聚和约束作用能够让主流文化在不知不觉中影响到具体的文化情境，并引领社会文化发展的正确方向。需要注意的是，重视社会意义层面的意识形态维度，并非意味着将意识形态放到支配位置，以此主宰所有文化建设项目，而是要求在公共文化建设中坚持和确保意识形态主体有权对公共生活方式及其生存重心作出选择，始终坚持遵循民族精神核心价值和国家利益基本原则，以防盲目追

① 王列生．文化制度创新论稿［M］．北京：中国电影出版社，2011：18．

求所谓的“普世价值”和公共生活理想而迷失身份。公共文化建设需要采用深受群众喜爱的、易于理解的文化形式，以宣传主旋律、传播正能量为目标，促进社会主义核心价值观深入人心，维护民族精神的传承和活力，推动先进文化扎根于基层社会并深入发展。

在当代社会生活不断变化和深入转型的背景下，公共空间日益扩大，成为文化活动的主要场所。公共性已经是指引当代生活价值的一面旗帜，也是实现正义、平等、民主和法治过程中的引领性的重要社会标志。在公共性的社会意义的框架中，重新探讨和分析社会问题的逻辑出发点成了公民身份、公共利益、公众参与。公民身份因为公共身份认同得以在社会公共生活中作为一种公共依托物而存在，在社会治理层面作为一个重要选项而存在。公共利益因为得到确认而指导着政府改革的方向，对其尊重方式和实现程度也因而成为政府合法性的重要影响变量。强调公众参与，旨在借助直接民主机制如民主恳谈会和公民议事会等，确保公众能够行使话语权和选择权。着眼于公共生活总结构，思考实际问题应当从权利保障、利益均衡及其公平正义原则出发，并落脚于此。公共文化是在文化领域中的公共生活结构，它的公共性的实现和作用就是保障公民的文化权利与文化利益，也就是文化权益，它包括了参与文化生活的权利、拥有文化成果的权利、选择文化方式的权利以及分配文化利益的权利。政府的本职之一就是保障和促进公民的文化权益，其应当尊重公民的文化权益，立足于国家的实际情况和实际力量，科学制定适当的普惠性公共政策，采取合理的普惠性财政保障措施，以满足全社会最基本的文化权益，并推动公共文化福利制度的最终成立。

从文化的角度来看，人类社会生活是民间的。民间一方面是人类生存的意义基础，另一方面还是社会的延续和发展的意义传承。所以，民间维度的社会意义在社会文化发展中不可忽视。民间文化可以被视为所有文化形式的起源，并且在社会意义方面，它是最具有价值稳定性的领域。但是也要注意到，当意识形态非常极端以及公共性过于泛滥时，民间性的意义和价值会大受损伤，文化的民间性和民间文化都会被挤压到边缘。实际上，民间性在文化中极具主体性力量，并且民间文化通过自在自为的存在形式，展示了文化的本真价值。所以，如今的公共文化建设，应当发展新民间文化以充实和拓展公共生活空间，认可和确立文化的民间性价值取向与诉求的独立性，从此出发发展民间社会自稳力量和自律结构。

这将为民间文化提供更多的发展机会和更大的发展空间，让民间文化得到更好的发展，对于巩固我们民族的文化根基和血脉具有现实的政策抉择意义。

（二）公共文化治理的功能目标

公共文化在社会意义层面的价值分层，是妥当安置公共文化目标功能的基础。沿着意识形态性、公共性和民间性的价值分层逻辑，公共文化建设应自觉协调好三重文化向度，即确保核心文化价值的坚守、确保公共文化生活的社会增量、确保民族文化维系的社会进化。换句话说，公共文化建设应该在弘扬主旋律、倡导公益性、传承民族性的目标引导下，探寻可靠的行动方略。公共文化建设已经被纳入了“五大建设”（经济建设、政治建设、文化建设、社会建设和生态文明建设）战略布局，是其中的一个基础性建设，因而其必然一致于公共文化的价值导向和定位，其核心功能目标必然是宣扬先进文化价值、保障公民文化权益、建设民族共同文化家园，并且由此实现公共文化建设多重功能的存在性均衡和整体性协调。

1. 引领文化发展方向，优化社会基层文化生态

在意识形态方面，公共文化的核心目的是传播社会主义核心价值观，引领和影响大众文化活动和文化发展趋势，从而确保社会主义核心价值观的主导地位。作为政府主导的文化事业，公共文化建设发挥着培育人文精神和主流意识的使命。如果我们不充分利用公共文化对基层文化进行引领，让先进文化深入基层，占领阵地，那么基层文化就会走向错误方向，基层振兴战略就可能难以开展。

公共文化作为文化的特殊范畴，蕴含着核心价值引领、文化秩序建构的使命。公共文化建设，不是单纯地提供公共文化场馆、开展群众性文化活动，它蕴含着更高层次的文化诉求，即培育公共精神、群体观念和集体行动。基层公共文化建设，应紧跟先进文化发展方向，在文化作品的主题、内容、形式、传播等方面凸显时代性，通过内容与形式的创新，力求满足群众文化需求，提升群众文化品位。基层文化在发展取向上，应坚持教育性与娱乐性、主导性与草根性的结合，促进时代先进文化与优秀传统文化、群众性文化的有效联结，致力于将健康向上的社会价值和健康文明的生活方式带入基层，使群众接受社会公德和乡土文化教育。

文化生态是历史长河中的一种动态积淀，它作为一种隐秘的系统而存在。从文化哲学的角度来看，“文化生态”是描述文化的本质和存在状态的概念，它强调文化系统中各种形式之间的相互作用和结构形态。可以说，它指的是文化具备

的生态特征。在公共文化建设中，我们需要尊重和保护文化生态的平衡，这就要求坚持“弘扬主旋律，提倡多样化”。需要特别关注的一点在于，公共文化活动为广大基层民众提供了一个共同交流的公共场域。如果这些文化活动具有文明健康的特点，将能够培养和加强基层民众尤其是农民的公共责任感，推动他们形成新的集体主义观念，从而使基层社会的文化秩序得以重建。发展基层公共文化事业，意在改善基层社会文化环境，形成文明、健康、洁净的文化环境，促进传统文化、现代文化、精英文化、大众文化、商业文化和公益文化等不同文化形态的良性互动，并以社会主义核心价值观为指导，引领社会文化朝着正确方向发展，构建多元共存、主流突出的社会文化生态。

2. 保障公民文化权益，促进人的全面发展

从现代社会发展的角度来看，建设文明社会最基本的一个要求就是确保人民基本的文化权益，同时这也是构建国家和民族文化形象以及传承和发扬传统文化的必要条件。在当今社会中，文化权益在公民权益的体系中扮演着重要的角色，政府有责任维护和保障它们的存在。公共文化建设一方面要关注公共文化服务体系的全覆盖，另一方面还应注重现代文化内容、方式和观念的全面覆盖，着力消除城乡居民之间不平衡、不公正的文化待遇。为了确保不同人民群体文化权利和福利方向享受平等待遇，我们需要以文化民生为重点推进公共文化建设，使不同地区的人民享受平等的文化权利、公开的机会以及均等的公共文化服务资源，特别应重视向基层倾斜更多资源，确保公共文化服务能够覆盖和给予更广泛的区域和人群。

现代化进程中，文化建设就是要促进人的意识、观念、素质、能力、行为方式诸方面向现代转型，塑造现代国民精神和现代个体人格，培养国民现代意识和能力。基层公共文化建设就是要促进农民对现代性、主体性、参与性和发展性的理性追求，培养具有现代独立人格和公共精神的新型农民。公共文化以其合理性内容、务实性精神推动着大众观念的进步和素养的提升。各类文化设施、文化资源以及文化活动，都有助于培养人的意识观念、文化素养和参与能力。

3. 传承民族民间文化，建设共同文化家园

人类社会生活就其文化根性而言乃是民间的，民间不仅担当着人类生存的意义建基，而且担当着社会延展的意义传承，应当融入公共文化系统之中。然而，

随着市场经济理性的张扬，经济利益逐渐支配着人的观念、意识和行为，很多地方的民族民间文化传承面临着后继无人的困境。民族民间文化是不可再生性资源，一旦毁灭或失传，就会危及文化形态的多样性并破坏地域文化生态的平衡。

在深层意义上，公共文化建设作为当代中国重要的政策议题，承载着构建民族精神文化家园、绵延中华民族文化血脉的神圣使命。在这个意义上，通过公共文化建设，发掘并创造一些经得起时间考验并为世人景仰的文化事项，建设民族文化精神结构和文化根性谱系，建设中华民族的精神大厦和文化栖居方式，是公共文化建设不可或缺的目标。这一取向，将强化民众对公共生活伦理和文化秩序的关切和认同，从而产生更高的文化认同感和文化自豪感，内在地绵延了中华民族的文化血脉，重建国人的精神世界和文化品格，使社会大众不至于在日用文化、商业文化提供的感官享受中蜕变。

在民族民间文化的传承发展上，既要推动实现传统文化的创造性转化及通俗表达，使之积极参与国民的道德精神重建，为中国现代性提供合理的精神资源；又要引导培育现代文化的精神内核和人文价值，使之自觉服务于国家整体文化建设，为社会和谐发展提供厚重的人文环境。为此，要以公共文化建设为契机，建立民族文化生态保护区和民族文化艺术之乡，构建较为完善的非物质文化遗产资源保护体系、传承展示体系、开发利用体系、保护制度体系，促进民间文化保护、发掘和传承。

三、公共文化治理的行动原则

公共文化的价值分层和功能定位，明确了公共文化治理的应然目标。公共文化治理要确保在意识形态、公共性和民间性三个界面的功能归位，必须在价值逻辑上阐明其行动原则，确立公平正义原则的终极价值地位，明确普适价值原则是广泛认同性价值，基本权益原则和意识形态原则是公共文化治理须臾不可偏离的价值维度。这就是说，在公共文化的价值秩序中，既要确保治理体系完形的普适价值功能，又要保证国家意识形态的自律性在场。

（一）公平正义原则

公共文化治理的基本原则，是表明这一体系存在合法性的基本前提，因而其实指的是最一般意义上的普适原则。中国是发展中国家，解决社会福利的首要条件应该是公平正义。在中国语境下讨论公共文化建设，必然意味着要将相对滞后的文化建设纳入促进公平正义、改善人民福祉的层面来考量。这就是说，公共文化建设在理论和政策层面，应该确立的第一个原则，就是公平正义原则。

要以公平正义原则来指引和规约公共文化建设，必须对其语义进行在场言说的意义互约，必须对原则进行知识谱系梳理和明晰化。考察中外文献，公平和正义的意义表述和价值追求非常久远。不论是在中国的先秦时代，还是在古希腊罗马时代，诸多思想家围绕这一议题展开了讨论，并表达了各自的价值立场。在历史事实讨论和知识衍生的历程中，公平正义不仅成为伦理学、政治学等领域的话题，而且也成为日常生活层面的普遍关注。需要指出的是，古典形态的命题存在结构机理乃是自上而下的，有别于现代知识谱系下命题自下而上确立的生成逻辑。从卢梭的《社会契约论》到罗尔斯（Rawls）的《正义论》，思考公平正义的学术讨论大都面向社会现实，注重从社会基础的内在要求和社会生活的一般原则切入。“作为平等的正义”“作为公平的正义”“作为互惠的正义”“作为公正的正义”的核心价值形态被人类社会程度不同地接受，现代国家也都在诸如“权利与无资格”“特权与劣势”“平等与不平等”“财富与贫穷”此类社会生活的结构性矛盾中努力植入其原则和精神。在这样的情境下，公平正义原则发挥了价值尺度和社会维系的功能，在中国知识界和思想文化界，公平正义原则成为公共知识命题，是随着罗尔斯《正义论》的引入和解读逐渐形成的。

文化建设作为当代中国“五大建设”战略布局的重要方面，自然要在增进社会公平正义方面有所作为。公共文化是社会文化体系的重要构成部分，它具有显性的价值导向和公共需求导向。公共文化建设如果不能将公平正义内置为总体性价值原则，公共文化的普惠功能和服务张力就不可能实现。需要指出的是，公平正义是总体性的价值概念，在进入社会生活公共领域之际必然演绎为可操作性的意义具指，并通过后者来描绘整体价值实现的路线图，以便使价值原则与制度建设相链接。检视我国现行的文化体制，仍具有计划体制痕迹，存在多头管理、利益上行、目标模糊、服务滞后等一系列问题，深刻制约着文化生产力的发展和公民文化权益的保障。如果没有根本的转型发展，就不能建立适应新时代发展需要的以公共文化服务、文化秩序建构为诉求的制度体系。

（二）普适价值原则

普适价值不是形而上的终极价值，而是指文化体验过程中具有普遍可接受性和广泛认同性的价值。20世纪以来，大众文化理念和潮流日益占据文化市场的主导地位，而大众文化、消费文化等当代性文化存在形态几乎总是以普适价值吸引社会的普遍关注。尽管法兰克福学派等知识学派对大众文化给予生产化、消费化、商品化、市场化、日常化、复制化、平面化甚至低俗化等特征称谓，但大众社会在一系列普适价值的牵引下不仅顽强地完成了其生存自衍，而且不断推向了马克斯·霍克海默（Max Horkheimer）所说的“大众性包含着无限制地把人们调节成娱乐工业所期望他们成为的那类人”。[①] 尽管如此，大众社会的政治尊严逐渐在世界范围内得到尊重和关注，大众文化也以自由文化形态的身份尽享文化民主的欢娱，其中当然也包括过度娱乐显示出的非正常的欲望化、本能化和奢侈化行为。需要指出的是，大众文化是大众创造的，它“产生于内部和底层，而不是来自上方”[②]。大众文化之所以能聚焦，根源在于大众普适价值发挥着核心价值功能和主要调节作用。大众社会、大众文化的兴起，表明大众普适价值具有存在合理性与影响广泛性。如果公共文化建设不能对此予以肯定和尊重，如果公共文化服务不具备大众普适价值的品性，那么就会远离大众的社会需要和文化利益，大众就不会积极参与公共文化活动，公共文化建设就会陷入主体缺位的困局。

当今时代，大众社会勃然兴起，公共社会空间极大延展，日常社会事务的公共事务化，日常社会生活的公共舞台日渐普遍，文化生活的公共化趋向日益显著。文化是人的社会化活动的产物，在本质上就具有公共性，因而必然随着现代社会公共空间的扩展而更具有公共域意义。公共普适价值作为公共社会空间的行动原则，在文化生活中的调节力量更大。在全球市场时代，文化市场的空前扩容和文化消费的日渐普遍，驱动了公共文化普适价值的社会认同，数字和网络技术的推进以及图像技术的全球覆盖更是加剧了这一认同。在这种形势下，传统公共舞台已经被一个无处不在、到处流动并且不断变化的联结空间所代替，文化生活日渐走向更加广阔的公共地带。在这个意义上，公共文化建设作为与公共领域紧密相

---

① 霍克海默．批判理论［M］．李小兵，译．重庆：重庆出版社，1989：275．

② 费斯克．理解大众文化［M］．王晓珏，宋伟杰，译．北京：中央编译出版社，2001：31．

连的文化事项，自然需要保持对公共普适价值的坚守，这样，公共文化才可能在意义和价值上获得意识形态升华的可能。

人是类存在物，因而人类有其类存在物的一系列普适价值。较之大众普适价值和公共普适价值，人类普适价值作为国家公共文化建设的行动原则，就是要源源不断地将具有人类普适价值的文化产品提供给社会大众，使社会大众通过公共文化而与人类普适价值进行交流、对话、互约。文化是民族的，也是世界的。人类具有普遍的心理选择能力和文化发展倾向，尽管在民族生存意义上各个民族形成了各自的文化品性，但人类普适价值至少在意义向度上是一致的，它追求人类在文化发展上的文明进步和交流交融。就公共文化建设而言，人类普适价值的真实性和维系性根本不是问题，问题在于在全球化背景下，我们如何在保护人类普适价值的存在与保护民族文化多样性的延续之间进行平衡，以便既能保护人类普适价值，也能保护民族文化的多样性。

无论是大众普适价值、公共普适价值还是人类普适价值，都只是学理性支配的价值描述维度，需要转换为引导公共文化建设的目的功能指向。结合我国文化建设的实际状况，普适价值转换的着力点在于：①如何最大限度地扩大以普适价值为意义支撑的公共文化服务域；②如何最大限度地增强公共文化品（作品形态、产品形态、商品形态）对公众的普适价值吸引力和凝聚力；③如何最大限度地提升公共文化服务的质量、公共治理的效能及普适价值的传承。当然，坚持普适价值不是要放弃对核心价值的坚守，而是要在核心价值的引领下来实现对普适价值的合理关照，避免公共文化建设出现价值偏移和功能错位，使公共文化建设在社会功能上面向意识形态、公共需求与民间文化三个方面实现合理定位。

（三）基本权益原则

现代社会，政府在民主化的历史情境压力下正在努力寻求权利与义务的均衡，这使得政府必须对民众的普遍性需求做出积极响应，建立起有效保障公民权益的制度体系。面对日益增多的社会需求，现代政府的职能结构发生了调适性配置，服务功能被提到了重要位置，更加强调政府在与公民的关系中如何确保权利与义务的均衡，控制与服务的协调，服务型政府出场的条件已经成熟。服务型政府作为现代社会的一种政府存在理念，设定了政治过程目标和政府行为准则，其底线要求即保障公民基本权益。联合国人权宣言倡导的社会保障权利、劳动权利、适度的自由权利、最低社会保障权利、健康权利、受教育权利、文化享受权利，构成了现代社会公民权利的基本框架。世界各国政府在建设服务型政府的过程中，都将基本权益原则确立为制度设置、政策供给的行动原则。需要指出的是，基本权益原则路线图规避了由福利主义上升为福利国家哲学的陷阱，对政府的基本功能进行了严格限定。而服务型政府的治理理念既吸取了福利主义国家哲学的合理内核，又以务实的态度规避了福利普惠制的泡沫幸福陷阱。

在所有基本权益义项中，自然包括了基本文化权益。基本权益原则对基本文化权益的制度呼唤，乃是公共文化建设的内在价值诉求，这种诉求最终将通过功能完善的公共文化服务体系来予以满足。公共文化服务体系建设是一项系统过程，集政策性、预测性、技术性和文化规律性等功能特性于一身，必须确立基本权益原则为价值目标，破除观念阻力、体制阻力和要素阻力，全面提升公共文化建设的规划设计能力、制度创设能力和服务提供能力，切实保障公民基本文化权益。

文化建设是国家发展战略的重要方面。公共文化建设作为文化建设中具有特定功能指向和社会意义的义项，在当代中国文化发展战略总体框架中归位，关乎我们能否明确将文化权益列入国民的基本权益范围，从意义和价值的本质上将其列入国民待遇的意义要素，并在政府文化治理上以基本文化权益的实现为目标来创设制度、出台政策，明确政府在公共文化建设中作为与不作为的分界线、具体刻度、测评标准及责任分担等，切实调动各级政府文化建设和文化体制创新的积极性、主动性及责任底线。

（四）意识形态原则

公平正义原则、普适价值原则、基本权益原则，都是现代社会世界各国政府努力实现的基本价值尺度，是公共文化建设和治理的公共意义取向，构成了公共文化发展不可或缺的支撑维度。需要指出的是，任何形态的文化建设都不能脱离国家概念所给定的内在制度要求，意识形态原则前置性地内存于国家概念中。公共文化是以健康文化价值导向和公共文化需要为核心功能的文化形式，它自然不能脱离国家意识形态的规约而自行其是，应该确立社会主义制度核心价值的引领地位。也就是说，在公共文化蕴藏的逻辑过程和价值诉求上，既要确保社会主义的核心价值地位又要确保体系完形的普适价值功能，既保证国家意识形态的在场，又不会使意识形态置换公共文化的公共属性。

尽管公共性和意识形态性在很多情况下会有意义摩擦和价值冲突，但它们却是共生存在甚至是相互依赖的，往往共存于特定的结构框架和制度体系中，各自发挥着价值功能，不能人为地将其对立起来，更不能形成非此即彼的现行思维。在公共文化建设中讨论意识形态原则，不是要以意识形态置换公共文化生活，而是要确保社会主义文化发展的正确方向，确立主流价值体系对公共文化建设的引领作用。全球化时代，面对世界范围文化价值观的较量，我们要坚定地捍卫国家文化主权和文化安全，坚守中华民族的文化价值观和国家利益。我们追求人类的普适价值和公共生活理想，是以国家意识形态安全为前置条件的，应确立社会主义核心价值对公共文化生活的价值选择权。

确保意识形态前置及对公共文化生活的价值选择权，并不是说意识形态要为所欲为、无所不在，要警惕极端意识形态及意识形态的庸俗化泛滥对公共文化建设可能带来的冲击，科学建构起意识形态与公共文化生活的良性关系结构，使意识形态原则、公共价值原则、基本权益原则在价值层次得到妥当安置。否则，公共文化建设就会演变为国家意识形态建设，公民文化需求的满足、文化权益的保障就成了宣传口号，社会文化生态和文化秩序建构也失去了基础和依托。因此，公共文化建设必须保持意识形态克制。意识形态自律表现为，对科学和技术的尊重、对国民文化权益的肯定、对多元文化体系的承认、对文化发展趋势的理性把握。这样，公共文化建设中，意识形态才能找到应有位置，才能保证其在享有文化价值选择权的前提下，对公共文化建设和治理保持最大限度的克制，支持公共文化治理目标、功能、质量和有效性的实现。

第二节　公共文化治理的制度平台

公共文化事业是社会公共事业的重要组成，它以特定制度为存在的依托。文化体制是有关文化发展的关键性制度安排，其功能结构、运行模式直接影响公共文化发展及文化治理的方式。作为公共性的文化事业，公共文化发展离不开财政支持，财政体制构成公共文化发展及文化治理的重要制度。在国家治理现代化语境下，我国文化体制改革，要以维护文化秩序和保障文化权益为基本目标，力争在国家整合动员与保障人民群众文化权益之间保持协调平衡；财政体制改革，要以实现政府事权、责权与财权的合理配置为导向，理顺各级政府间的财政关系，为公共文化事业发展提供稳定的财力支持。

一、文化体制的改革创新

文化体制改革是关乎公共文化建设成效的关键制度。我国文化体制的演变与国家治理转型密切相关。新时期，文化体制改革，应协调好“核心价值引领”和“公共需求导向”的关系，力争在国家整合动员与公民文化权益保障之间保持平衡。

（一）文化体制改革的基本问题

1. 我国文化体制的演变

中华人民共和国成立后，我国全面走上了计划体制的发展轨道。在计划体制框架内，建立了国家文化事业体系。这一文化体系的核心目标，是要满足新生政权对官方意识形态正当性的论说，并以此实现对于社会动员的要求，因而表现为一种行政命令型的文化资源配置体系，以及自上而下的文化生产配给模式。①这种建立在国家计划体制基础上的文化事业体系，是在“国家本位”意识下形成的，是一种管办不分的事业型体制。这种体制模式由于在价值目标、组织结构、管理体制、运行机制等方面存在弊端，已经难以适应市场经济体制下文化发展的需要。

改革开放以来，为适应社会主义市场经济体制的需要，我国文化体制改革拉开帷幕，经过40余年的改革实践，在调整布局、理顺关系、转变职能、改善管理等方面取得了较大进展。改革开放以来的文化体制改革，实际上是一个渐进式的制度变迁过程，包括价值理念的转变、组织形态的转型和管理方式的转轨。②随着文化体制改革的逐步推进，形成了一些新的认识：一是在文化体制改革的价值判断上，注重理顺文化体制改革与繁荣文化事业、发展文化产业的基本关系；二是在文化体制改革的目标任务上，确立了解放和发展文化生产力、维护国家文化安全、保障公民文化权益的基本任务；三是在文化体制改革的路径上，明

① 傅才武．中国文化管理体制：性质变迁与政策意义［J］．武汉大学学报（人文科学版），2013，66（01）：69—74+128．

② 霍步刚，傅才武．我国文化体制改革的理论分期与深化文化体制改革的策略问题［J］．中国软科学，2007（08）：23—34．

确了政府文化管理体制、经营性文化主体改制与公益性文化单位改革的全面协调推进。

2. 我国文化体制改革的指向

(1) 意识形态安全的守卫

“文化因其本身的意识形态特征，使得文化体制改革与政治体制改革紧密相连”①，维护国家意识形态安全因此成为文化体制改革的首要关切。现代民族国家，“不仅享有政治上的完整主权和经济上的完整主权，而且还应该享有包括社会意识形态、物质生活方式、特定的价值观念等完整的文化主权。”②文化主权是现代国家对本民族文化所拥有的最高的和独立的权力，具有对外的排他性和对内的整合性，关系国家安全的重要因素之一。因此，文化体制改革的首要准则就是要保护本国的文化主权免受侵犯，维护国家文化安全。事实上，国家意识形态安全问题，不仅包括对外的国家文化主权的维护，也包括对内的主流价值体系的维护。主流价值体系（当下称之为“社会主义核心价值体系”）表明了国家意识形态的信仰取向和社会道德准则的价值规范，是建构国家政治合法性的重要资源。我国文化体制改革过程中，对国家主流价值观的维护，主要体现在：对马克思主义在意识形态领域领导地位的守卫，对社会主义先进文化发展方向的引领，以及对倡导“主旋律”文艺作品的激励制度的安排等方面。

(2) 既得利益格局的调整

体制改革在深层面涉及利益的重新分配或利益结构的调整。我国文化体制中既得利益格局的形成，是经济社会改革的“非均衡化”进程的结果。在财政紧缺的压力下，政府对文化单位的义务，被迫从传统体制下的“大包大揽”，转变为允许行业部门自己“创收”，逐渐形成了以部门为基础的利益分割格局，各部门利用分割到的权力人为制造“市场分割”和“部门壁垒”。更为严重的是，掌握话语权的行业部门对文化的双重属性作单一的意识形态的曲解，使既得利益阶层的利益诉求戴有意识形态维护的“面罩”，以此取代政府应有文化行政职能，政府公共服务职能“边缘化”；过分渲染文化体制改革的意识形态安全性后果，使得经营性文化产业的市场化进程缓慢。

① 韩永进．新的文化自觉［M］．北京：文化艺术出版社，2008：253．

② 王沪宁．文化扩张与文化主权：对主权观念的挑战［J］．复旦学报（社会科学版），1994（3）：7．

（3）体制运行效率的提升

无论是经营性文化产业，还是公益性文化事业，其快速发展都需要建立在微观组织高效运转的基础上。就整个文化体制的运行来看，也存在一个制度效率的问题，即既有制度框架下实现制度功能性目标的程度（可称为“生产效率”）和实现社会性目标的程度（可称为“配置效率”）。前者注重度量既有资源约束下的产出水平，即一定质和量的文化产品和服务；后者则更关注一种整体意义上预期目标的实现程度，即文化组织提供的产品或服务满足利益相关人偏好的程度。客观地讲，我国文化体制在转型前后的运行效率都不高。因此，体制改革必须获得整体性效率的提高，使公益性文化事业单位在服务功能强化中实现社会效益的延伸，使经营性文化产业单位在生产功能升级中实现经济效益的拓值，并由此实现组织效率、行业效率和制度效率的全面提升。

（二）治理转型与文化体制改革

文化体制是一个复杂的系统，其演变与国家的治理转型密切相关。改革开放前后不同的制度环境和治理取向，使我国文化建设体制表现出不同的功能特点。改革开放前的文化建设具有强烈的“国家本位”色彩，文化建设呈现明显的泛政治化、意识形态化和文化整合等特征。改革开放以来，市场经济的发展使社会获得了相对自主的发展空间，文化建设日益与国家的意识形态相分离，文化体制呈现从“国家本位”向“人民群众本位”转型的态势，突出地表现为对人民群众文化权益和文化需求的重视，以此来增强人民群众对现代国家的合法性认同。当然，这种体制转型还远未完成，文化体制依然存在目标歧异、功能错位、结构无序等弊端。因此，深化文化体制改革，就显得尤为必要和紧迫。

新时期，文化体制改革，要以维护文化秩序和保障文化权益为基本目标，力争在国家整合动员与保障人民群众文化权益之间保持协调平衡。也就是说，文化体制改革应该坚持主导文化与多元文化的和谐统一。既要维护主导文化形态在文化建设中的统领地位，又要承认多元文化形态在文化系统中存在的客观合理性；既要维护文化秩序和文化安全，又要保障人民群众的文化权利和文化利益。我国文化体制改革是在文化市场、文化产业的推动下启动的，党在对文化体制改革实践中逐渐形成了清晰的改革目标，即形成科学有效的文化宏观管理体制和富有效率的文化微观运行机制。新时期，深化文化体制改革，应努力实现文化发展动力的转换：从“改革红利”走向“制度红利”①，通过文化体制的整体性改革，逐步建立科学合理的文化管理体制、充满活力的文化市场体系、健全高效的文化服务体系。

（三）文化体制改革的宏观路径

文化管理体制主要是指国家管理文化事业的组织体系和职能体系，以及政府与文化企事业单位之间的结构状况与相互关系。文化宏观管理体制的改革，即要逐步建立“党委领导、政府管理、行业自律、企事业单位依法运营”的体制模式。

文化管理体制改革，就是建立规范化的文化建设组织体系和职能体系，建立党委领导、政府管理、文化资产合理配置的体制模式。

1. 调整党的文化领导方式

代表先进文化的发展方向是党执政为民的重要方面。深化文化体制改革，解放和发展文化生产力，是党能力建设的重要方面，也是党领导文化建设的基本要求。党对基层文化建设的领导主要源于文化产品所具有的双重属性。文化的意识形态属性是党对基层文化进行领导的重要原因，但却不应该是唯一的原因。计划体制下文化领导方式，在理性价值观和民主公民权广为传播的今天，已经不能满足民众精神文化需求和保障民众文化权益的需要；这种动员式的文化领导方式已无法适应当前形势。在此情境下，应以公民文化权利为导向，统筹兼顾主流价值体系的普及与民众文化发展权利的实现，维持两者之间的协调和融合，以赢得民众对社会主义核心价值体系的“重叠共识”②，使民众在文化需求满足中潜移默化地实现对基层文化正确发展方向的坚守。

2. 改革政府的文化管理模式

长期以来，地方政府秉持“重经济、轻文化”的发展取向，从而使基层政府呈现“选择性治理”的行政模式。在“晋升锦标赛”的行动逻辑下，文化建设因在短期内很难显现政绩，因此而降格为地方政府工作中的次要位置。文化管理部门习惯于将文化设施建设和文化服务项目当作送温暖的“形象工程”和“面子工程”。在这种体制模式下，基层文化建设被置于边缘化位置。当下，建设以公共需求为导向、公共服务为重心的服务型政府，应明确定位文化建设在基层振兴中

---

① 贾旭东．文化体制改革的新走向 [N]．人民政协报，2012-12-10 (C1)．

② 姚大志．罗尔斯 [M]．长春：长春出版社，2011：259．

的位置。在此前提下，通过文化体制中“关系结构”的调整，理顺政府与社会、市场及文化单位的关系，改进政府对基层文化建设的管理模式：一是要处理好政府与文化企事业单位的关系，协调好文化管理与文化服务的关系。强化政府在文化宏观管理领域和公益性文化事业领域的作用，扮演好文化管理的规划者、统筹者和公共文化服务的安排者和提供者角色。二是应实现政府部门角色的适度分化，分离公共文化服务提供职能和生产职能，区分公共文化服务的“安排者”和“生产者”，明确政府的“安排者”和“提供者”角色、公益性文化事业单位的“生产者”和“供给者”角色。三是厘清县、乡政府在基层文化建设中的责任分配与资金分摊机制，在基层文化服务中采用分类安排、分级供给的新模式。

3. 健全国有文化资产管理体制

国有文化资产是我国文化资产的主体。深化文化管理体制改革，完善国有文化资产管理体制是至关重要的任务。党的十八大提出要健全国有文化资产管理体制，十八届三中全会进一步提出要建立党委和政府监管国有文化资产的管理机构，实行管人管事管资产管导向相统一。国有文化资产是重要的宣传文化阵地，国有文化资产管理既是政府部门的事情又是党委的重要工作。国有文化资产管理，要在保证文化企业正确发展方向的前提下实现资产的保值增值，就必须建立规范化、长效化的法律法规制度，加强对有形资产、无形资产和数字产权的运营管理和核资评估，防止国有文化资产的贬损或流失。近年来，有关国有文化资产管理的创新实践不断出现，形成了在财政部门成立文化资产办公室、在宣传部门设立文化资产管理部门、单独设立文化资产管理部门、归口国资委管理等多种模式。国有文化资产的管理，应以“谁主管谁负责”和属地管理为总体原则，通过经验总结和实践探索，逐步建立主管主办制度与企业出资人制度，实现相关制度的功能衔接和机制整合。

4. 增强文化机构的服务功能

文化系统的长期存在，为公共文化建设积淀了丰富的文化资源。公共文化建设，应抓好文化设施建设和配套资源供给，实现文化资源的有效整合和共建共享，提升基层公益性文化事业单位、群众性文化社团的服务能力和创新能力，特别是要加强乡镇综合文化站的规范化建设，全面提升其公共服务能力。一方面，要明晰乡镇综合文化站的职能定位及归属管理问题，破除乡镇综合文化站“人员归乡镇管理、业务归口文化部门管理”的障碍，实行乡镇综合文化站归口由县级文化部门统一安排、统一管理、统一考核，突出政府主导，强化部门责任。另一方面，要加大乡镇综合文化站的建设力度，保障乡镇综合文化站建设及其活动开展必需的资金。在文化设施上突出实用性建设，根据群众文化生活的需要，科学指导、区别对待，突出文化设施的公益性质和资源优势；在文化队伍上突出素质性建设，分批次、分专业对乡镇文化员进行教育培训，统筹解决好乡镇文化员的医疗保险、养老保险等保障问题，深化内部劳动、人事、分配等方面的改革，建立一支稳定的充满活力的乡镇文化队伍；在机制建设上突出长效性建设，制定科学的乡镇文化站评估定级标准，建立健全检查评估机制，通过对乡镇综合文化站设施建设、运行状况、队伍管理、服务效果等方面的评估，促进乡镇文化站的规范化管理，提升其公共服务能力。

（四）文化体制改革的微观路径

文化体制改革从微观层面来看，就是要明确文化企业组织和文化事业单位各自的业务分工和职能边界，建立富有效率的文化生产与服务的微观运行机制。

1. 培育基层文化市场主体

文化企业是文化市场的微观主体，它应当有独立的产权地位和自主的经营权限，并能够对自己的行为负法律责任。就我国现有的体制而言，培育文化市场主体主要有两条途径：一是推行事业单位分离改革，实现经营性文化事业单位“转企改制”；二是放宽文化市场准入条件，赋予非国有产权与国有产权相同的法人地位。以文化投融资体系为先导，制定市场准入的无歧视法律政策，促进产权的自由流转，鼓励产业关联度高的文化企业以资本为纽带联合重组，构建自由规范、竞争充分的文化大市场。针对基层社会文化力量薄弱的问题，应重点支持面向基层的中小微文化企业获得发展。借力“大众创业、万众创新”的政策，借助互联网平台、交易平台等新型创业载体，拓宽中小微文化企业创业发展渠道，支持文化企业孵化器、众创空间、公共服务平台建设，为中小微文化企业发展创造条件、提供便利；加强对中小微文化企业经营管理的培训和辅导，增强中小微文化企业经营管理、市场运作能力；为中小微文化企业提供信息咨询、投融资、知识产权等服务，支持“专、精、特、新”中小微文化企业长足发展。基层文化市场主体的成长，不仅能活跃基层文化市场、促进文化产业发展，而且可以借助市场力量和竞争机制，更好地满足群众文化需求。

2. 改革基层文化事业单位

文化事业单位是我国事业单位在文化领域的一种组织形式，是公共文化服务的主要组织载体。推进文化事业单位改革，就是要在实现“事企分离”的同时，着力推进“政事分开”，理顺文化事业单位与政府机构之间的关系，将属于政府的职能剥离出来归还给政府，明确将公益性文化事业单位定位于公共服务组织。在现行文化管理体制下，我国文化系统归口管理的公益性文化事业单位主要包括国家兴办的图书馆、博物馆、群艺馆、科技馆、美术馆、文化站等单位，以及承担公益性任务的文艺院团、艺术研究机构、文物保护与考古科研管理机构等单位，这些公益性文化事业单位应在“公共事务、公共服务、社会互助和慈善援助”等领域内运作。文化系统的长期存在，为文化建设积淀了丰富的文化资源。基层文化建设，应抓好文化设施建设和配套资源供给，实现文化资源的有效整合和共建共享，提升基层文化事业单位、群众性文化社团的服务能力和创新能力，特别是要加强乡镇综合文化站的能力建设和制度建设，全面提升其公共服务能力。乡镇综合文化站是面向基层群众的综合性文化机构，发挥着国家政策宣贯、科技知识普及、农业信息传播、公共文化提供、健身娱乐服务等功能。在乡镇综合文化站的建设方面，云南保山将乡镇综合文化站的建设视作精神文明建设的“窗口工程”、集镇建设的“亮点工程”、满足文化需求的“民心工程”和文化经济共同发展的“示范工程”统筹规划，创造出基层文化站转型发展的新地标——“新型文化综合体”，为乡镇文化站的发展提供了范例。

3. 创新文化生产供给机制

随着文化体制改革的推进，我国公共文化发展及其组织体系正在从计划经济体制下的单一组织体系向市场经济体制下的多元组织体系转变。在此背景下，引导社会力量参与基层文化建设，必须打破计划体制下政府主导的自上而下的行政供给机制，建立以基层文化需求为导向的文化产品供给机制。

一是公共文化服务外包机制。公共文化服务外包，就是通过契约方式，政府将自己应承担的服务项目以付费的方式外包给具备资质的文化事业单位、文化社团或文化企业来承担，以提高公共文化服务的质量和效率。在基层文化建设中，一些地方引入项目招标等竞争机制，采取政府采购、项目补贴、定向资助等，创造出文化直通车的文化配送方式。公共文化服务的外包，打破了“政府选择、政府供给”的服务模式，使公共文化服务由政府垄断供给转变为政府主导下的竞争性供给，提高了公共文化服务的质量与效率。实现公共文化服务的市场化运作，并不是要“化公为私”，而是要通过市场化的运作盘活公共文化资源，实现其整合调配和有效利用。事实上，竞争网络的形成是市场化的核心所在。政府作为改革的推动者和组织者，是须臾不能缺位的，需要强化政府对市场化的管理能力、增强政府对核心公共服务的管理责任。这样，市场化运作将在公共文化公益性的前提下展开并保证在正确的发展方向。

二是公共文化建设的内生机制。基层是我国传统文化的发源地。在继续加大政府“文化下乡”的同时，引导民众自发组织形式多样的文化活动，既可以丰富基层群众的文化生活，也可以增进村庄内的价值认同，成为基层文化建设的重要形式。为此，应改变传统的“嵌入式”公共文化发展机制，以“本土草根、全民互动”为行动导向，注重在政府与民众的互动合作中，调动基层群众自编、自导、自演、自赏，形成共建共享群众文化生活的风尚，逐渐建立基层公共文化建设的内生机制。近年来，各地推出了“民资文化”“千镇万村种文化”“群星大舞台”等文化建设形式，或隐或显地蕴含着以民众为文化主体的行动逻辑。“种”表达的是人民群众普遍、经常性地开展自娱自乐的文化体育活动，把文化的种子“种”入基层，让它生根发芽、开花结果。内生动力是基础，组织推动是引擎。通过“政府搭台、民众唱戏”，推动基层文化从“输送”走向“内生”。要注意挖掘蕴藏在基层社会的文化传统，充分利用农闲、节日和集市开展民众自办的群众文化活动，推动基层文化建设走向“民有、民管、民享”的新路。

4. 建立文化资源共享与传播交流机制

将分散在地方、部门的文化资源有效动员并整合起来，是基层文化建设的关键环节，有助于拓展公共文化资源服务的空间范围和受益群体。现阶段，随着基层公共文化建设的推进，各地的图书馆、文化馆、博物馆等公共文化设施相继实行免费开放，部分公共文化资源实现了平等共享；一些地方在实践中创造出图书馆的总分馆模式，创造出区域文化联动、城乡文化互动等形式，打破公共文化资源供给的地域分割、部门分割、城乡分割。数字网络时代，借助数字网络技术，改进公共文化资源供给方式是完全可能的。理论上，可以将全国专业与民间、纵向与横向、本土与异地的文化资源联通起来，以多维交互方式让全国任何一个地方的基层群众都能共享优秀文化资源，建立一个全面覆盖、功能强大、高效运行的公共文化资源供给系统。基层公共文化建设，应将乡镇综合文化站、村文化活动室、文化中心户及民间文艺团体等掌握的文化资源整合起来，统一规划、统一调配，实现文化资源在村落之间、乡镇之间共建共享，充分发挥基层文化资源的服务功效；同时，继续开展内容丰富、形式多样、便捷高效的流动性公共文化活动，推动城市文化资源向基层辐射。

适应文化传播格局的调整，应对基层文化生态的变化，构建基层文化传播体系，关乎文化发展的正确导向和基层文化秩序的重建。基层文化建设，不应该“故步自封”，更不应该“画地为牢”，而是要拓宽题材范围和辐射空间，以当地群众喜闻乐见的艺术形式，促进先进文化、科普知识、文化形式的传播与交流。一是要通过广播电视“村村通”工程，利用有线和卫星等技术手段，使人民群众收听收看到套数更多、质量更好的广播电视节目；同时要积极发展基层电影放映，统筹调配娱乐影片、教育影片和科教影片，使电影放映发挥娱乐、教育、培养基层群众的整合作用。二是要开展基层文化信息服务，通过文化信息资源共享工程基层服务点的全覆盖，增强县文化馆、图书馆和乡镇文化站、村文化活动室提供数字化文化信息服务的能力；通过“三农”（农业、农村、农民）出版物出版发行，提供更多基层题材的通俗读物，促进基层文化知识、科技信息、实用技术的推广普及。三是通过基层公共文化活动，创作具有乡土气息的文艺作品，通过展演、展览、宣传评介，扩大优秀文艺作品的传播交流和推广移植。以创建文明村镇、文明户等为依托，引导基层群众弘扬先进文化、坚守核心价值、提升道德品格，形成文明健康的生活方式和社会风尚。

二、财政体制的转型变革

公共文化是社会公共事业的重要组成部分，其发展离不开公共财政的支持。构建覆盖全社会的公共文化服务体系，需要公共财政有所作为。建立公共财政新体制，是理顺各级政府间财政关系的根本途径；实现事权、责权与财权的匹配，是保证公共文化事业获得稳定财政支持的关键。

（一）文化事业的财政资助

在西方发达国家，文化艺术在国家发展中的重要性受到普遍重视，甚至于形成有“文化立国”的战略意识，文化事业发展的公共财政资助也由来已久。由于历史文化传统和政府治理模式的差异，各国对文化艺术的公共财政支出和资助方式有很大不同。英国艺术委员会对文化艺术直接财政支持水平的国际比较显示，各国人均直接财政支持水平差异很大：芬兰最高，达到111.67美元；其后为德国，达到89.52美元；法、英、美三国分别为56.78美元、26.26美元、5.85美元。[①]需要指出的是，这一结果只统计核算了各国政府对文化艺术的直接支持，即现金捐款或支付，没有反映出不同国家对文化艺术的间接支持水平。例如，美国政府对文化艺术的支持主要是通过减免税优惠等间接方式实现的。事实上，各国对文化艺术的公共支持水平和财政资助模式，是与其文化管理制度模式相联系的，需要做类型学意义上的具体分析。

在制度模式上，美国是典型的“民间主导型”（也称“市场分散”）模式，联邦政府在公共服务领域主要通过市场机制，将政府权威与市场交换的功能优势有机组合。在文化艺术管理上，政府没有设立文化行政主管部门，而是以“提供便利者”的角色，通过议会立法设立代理机构——国家艺术基金会、国家人文基金会和国家博物馆学会，实施对文艺团体提供技术援助和财政赞助。国家对给予艺术机构、艺术家的私人捐赠和赞助实行免税，政府主要是在法律政策上进行宏观调控，直接的国家拨款和立法条文相对较少。政府资助仅限于那些非营利性文化团体，资助采取资金匹配的方式进行，由联邦政府、州政府、地方政府来分摊。在这种制度模式下，公共财政的资助更多是引导型宏观调控，财政直接支持所占比重并不大。

英国在文化事业管理上形成了“分权化”模式，形成了三级文化管理体制：中央政府负责政策制定和经费划拨；地方政府和文化管理机构负责政策执行和经费分配；基层地方文化管理部门和艺术组织、艺术家实际使用经费。在文化艺术发展上，政府以“一臂之距”与民间建立合作伙伴关系，进行文化资源分配、文化事务管理和文化服务提供。国家不对文化单位直接提供资金支持，而是以“赞助者”的角色确定文化支出预算，而后由独立的艺术组织，如大不列颠艺术委员

① 海尔布伦. 艺术文化经济学 [M]. 詹正茂，译. 北京：中国人民大学出版社. 2007: 255.

会，根据文化艺术发展需要将资金分配给艺术团体和艺术家；政府则通过具体拨款方式实现对公共文化机构在政策上加以协调，保证文化艺术的管理目标和支持重点。这种模式既保证了国家对文化艺术必要的支持，又减少了政府机构的文化行政事务；政府与文化机构间的“一臂之距”，避免了政府对文化事业的过度干预，保证了文化艺术相对独立的发展空间。

法国是单一制国家，在文化管理上采取了“政府主导”模式，从中央到地方设立了完整的文化行政管理系统，履行文化事业发展的规划、协调和资助等职能。在这一管理体制下，政府以直接拨款的方式对文化事业进行资助，一些重要的文化机构也对一些重要文化活动提供资助。但政府对文化事业的财政投入，不是通过简单的行政手段，而是通过签订文化协定的契约形式来实现。公益性文化机构（如图书馆、博物馆）的财政收入主要来自政府的资助，组织人员也享受公务员待遇。当然，政府也鼓励私人对文化艺术，尤其是准公共物品领域的捐赠或赞助，但文化艺术对商业机制的依赖要低于美、英两国。法国公共文化事业的发展，以国民平等参与并分享文化为目标，不仅依赖于公共财政的支持，而且依赖于文化政策的规约，因而被称为“建筑师模式”。

就公共文化事业发展的财政资助而言，英、美、法诸国受文化传统、制度架构等影响而有所差别，但都建立在与市场经济相适应的公共财政模式上，关注对文化艺术事业或直接或间接的财政支持。随着公共领域的结构转型和公共服务的社会化改革，西方国家文化资助方式呈现多元混合格局，国家与社会、中央与地方不同程度地卷入文化艺术资助中，趋向于形成公私互动的公共资助方式。与西方国家的文化传统、制度环境、市场化程度存在明显差异，国家财政的重点还在于支持公益性文化设施的内容建设、功能建设和平台建设，国家对文化事业的资助模式主要还是直接拨款，财政投入的均等化效应未能完全释放。推动公共文化服务的均等化、提高全民的文化享受水平，需要变革现行财政管理模式、创新财政资金的投入方式，使其由直接拨款向间接支持转变，通过重点项目投资、公共服务购买等方式，提高财政资金的使用效益。

（二）公共文化建设的财政支持

1. 财政支持的基本原则

公益性文化事业是社会公共服务事业的重要组成部分，其发展自然也离不开公共财政的支持。公共文化财政支持，需要科学合理的原则引领，确保财政支持促进文化事业的均衡发展，保障人民群众的基本文化权益。

（1）公益性原则

知识和文化是人类发展和进步的阶梯，也是个人素质提高的必要条件。文化权利作为普通大众的基本权利，应该在最大限度上实行普遍均等的原则，使每一个社会成员的基本文化需求有相对的文化产品和文化服务来满足。政府要通过公共文化财政支出结构和对象的调整来改善公众对文化产品和服务的占有份额，促进文化产品和服务分配的相对合理。

（2）统筹兼顾原则

我国经济社会发展不平衡，存在着区域阶梯发展、城乡二元结构等诸多差距，公共文化建设的财政支出安排，必须从全局出发，通盘规划，区分轻重缓急与主次先后，适当照顾各方面的需要，保证公共文化服务职能的全面实现。其一，安排支出时要做到统筹兼顾与突出重点相结合，应将资金集中在重点服务项目上，避免资金平均分配；其二，按照科学的支持顺序来安排财政资金的使用，做到先维持再发展；其三，依照底线公平的均等化目标来统筹财政资金的分配，保障资金投入落实到基层。

（3）量入为出原则

市场经济条件下，资源供给相对于资源需求来说总是稀缺的。在公共文化建设中，国家财政资源能力的有限性和社会公共文化需求的无限性，客观需要财政投入坚持量入为出的原则，将公共文化财政支出限定在公共收入总量允许的范围内，以公共收入来控制公共支出。在国家财政支出的总量内，根据“五大建设”全面协调发展的需要，确定文化事业财政支出的规模和比例。在此基础上，按照逐渐缩小差距的均等化目标，实现财政资金在区域、城乡之间的合理分配，保证财政资金能够产生较好的社会效益。

（4）重心下移原则

基层社会处于国家治理的末梢，受现行体制模式的制约，财政资金很难深入基层。在中央与省级政府分税制已基本确立的情形下，需要以民生保障为基本目标，完善省以下财政管理体制，通过“省直管县”体制，重点加强县以下基层政府财政建设。这就是说，公共文化建设应实现重心下移，在保证全社会财政投入相对均衡的前提下，适当向文化资源稀薄的基层倾斜，促进公共文化资源的均衡配置，切实保障人民群众文化权益上的“国民待遇”，促进基层社会的文化认同。

2. 公共文化建设的财政机制

近年来，浙江省在推进城乡公共服务发展中，充分发挥省级财政的调配和均衡作用，通过调整财政支出结构、优化转移支付制度，将主要财力投向基本民生领域。在公共文化建设中，加强对文化设施的财力支持，全面提升了广播电视、县级图书馆和文化馆、乡镇文化站和村文化活动室的地域覆盖率和资源配备水平。

现代社会，享有基本均等的公共文化服务是公民文化权利的基本要求，也是实现人全面发展的重要条件。对公共文化建设的财政投入要坚持普遍均等原则，以保证全社会成员享有大致相同的文化服务。公共文化建设的财政支持，需要保证国家财政投入的稳定增加，更为重要的是，需要在财政体制改革中强化县以下基层政府的财政建设。基层政府作为上级政府与社会大众“上”与“下”的连接点，处于上下联结的枢纽地位，既要向上反映和传递民意，又要因地制宜地解决民生问题，其财权财力配置关涉政府职能履行和公共服务提供。然而，我国基层政府财力的短缺，公共文化服务在种类、内容和数量上距离群众的文化需求都相去甚远。从根本上保证基层政府公共文化产品的供给，就必须保证县、乡、村三级财权与事权的统一。在维持现行财政分权体制的基础上，加大中央财政对欠发达地区省份以及省级政府对县乡级政府的转移支付力度，是一条现实而可行的道路。此外，国家可通过政策激励、专项资金、发达省份对口支援等方式拓宽文化建设的资金投入机制。

加大公共财政对公共文化建设的支持，要按照统筹兼顾的原则，科学合理地安排公共文化服务的载体、内容和形式。一方面，要加大公共财政的投入力度，完善文化建设专项资金制度，建立财政投入稳定增长机制，通过定向资助、政府采购、税收减免、项目补贴等多种形式，为公共文化建设提供财力保障。财政资金的投入应分清轻重缓急，在欠发达地区，公共财政应着重于对基层图书馆、文化馆（站）、群艺馆和文化大院、农家书屋、文化广场等文化设施的投资，以及对人民群众进行实用技术和文化素质提升等方面的软件投入，实现硬件投入与软件投入的统筹兼顾，最大限度地发挥文化资源的整合效用。另一方面，要着眼于通过政府对文化发展的战略规划和引导性投资，带动社会投资，广泛整合民间资源，探索以政府投入为引导、广泛吸收民间资本投资的新模式。具体来说，对符合条件的企业、社会组织举办的公益性文化活动，在活动经费等方面给予支持；鼓励和支持有条件的企业、社会组织冠名赞助公益性文化活动；委托具有实力的社会组织或企业承办重大文化活动。通过这些社会化的运作机制，有效调配社会资源参与文化建设，切实提高财政资金的使用效果。

面对文化建设重投入、重形式、轻评估、轻监管的现象，需要建立文化财政投入的监督管理机制和公共文化服务的民意选择机制。一是要增加各级财政预算的透明度，保障民众对财政资金使用的知情权，以便于对资金使用进行监督和问责，避免文化财政资金被基层政府或文化单位挤占和挪用。二是要赋予公众对公共文化服务的选择权，使民众能够根据需要自主选择文化活动，并通过“用脚投票”机制来表达意愿，保证公共文化建设的供需互动，切实提高财政资金的使用效果。三是要建立投入绩效考核机制。切实改变只管投入、不重产出的投入方式，需要建立“规划—预算—投入—产出—评估”的公共文化财政投入管理机制，将财政投入绩效考核结果与各级政府及文化事业单位的奖惩激励相结合，形成以绩效评政府、以绩效选供给、以考核促服务的常态机制。

3. 公共文化建设的投入方式

公共文化属于文化领域的公共物品，因而其提供方式和财政投入可依据公共物品的属性来理性选择。此外，公共文化建设不应该是政府单方面的行动，而是政府与民众双向互动的协作过程，需要调动和发挥民间力量的积极作用，实现政府主导与民众主位的协调。也就是说，在确定公共文化建设的投入方式时，应综合考虑产品或服务的性质，以及社会力量是否有意愿、有能力提供等因素。

其一，对于纯公共产品和社会力量不愿意且无能力提供的产品和服务，应该完全由政府承担。国家博物馆、文化艺术馆、图书馆、非物质文化遗产、文化基础设施等，具有非竞争性、非排他性和正外部性，需要政府通过公共财政投资来予以兴办；需要政府投资建设文化馆、图书馆、广播电视台、文化站、文化广场等基础性文化设施，并配置相应的功能设备和软件设备；需要政府举办一些传播先进文化、弘扬文明风尚、传承民间艺术的文化活动，组织一些农业技术培训、文化信息交流、文化艺术辅导，提升群众的文化素质和艺术品位，改善社会的人文生态。

其二，对于准公共产品和社会力量不愿意提供但有能力提供的产品和服务，应该由政府采取出资购买的方式承担。对于一些关乎人民群众文化需求、基本文化权益的公共文化服务，诸如文化素质的教育和培训课程、文化信息化工程、电影“2131”工程、送戏下乡，以及流动艺术舞台、文艺团体的演出等，政府无须设立专门的服务机构来举办，而是通过拨付专项资金，通过出资购买的方式来提供。政府通过服务采购，实现了生产环节的外包，提高了财政资金的配置效率和使用效果。宁波市举办的“万场电影千场戏剧进农村”活动，就采取了政府购买的方式运作。通过政府采购中心的组织协调，由各放映队、演出剧团与各乡、村协商确定影片和剧目，并签订服务协议，保证了政府采购的质量。

其三，对于社会力量愿意提供且有能力提供的产品和服务，应该由政府给予适当奖励的方式承担。对于公共性相对较弱的文化产品，可以通过市场机制来提供，但对一些涉及健康价值引导的文化精品工程、社会民间自办的群众文化活动，可以通过财政补贴、补助或奖励的方式来加以引导。公共文化建设，要注意发挥村民自治组织、民间文艺社团、业余文化队、基层艺术家的作用，通过它们的引领和示范，引导广大村民参与其中。在此过程中，政府可以通过财政补贴或奖励，鼓励其组织群众业余文化活动、举办重大节庆文化活动，引导其通过文艺演出筹集活动经费、改善活动装备，激励其兴办文化大院和文化广场。这种“以奖代投”方式运行成本较低但有效性较强，接近生活实际，辐射面广、持续性强，使公共文化建设真正落地开花、生根发芽。就公共财政资助的功效来看，财政投入较少但收效甚大，财政资金的配置效率高、使用效果好。

第三节　公共文化服务的组织载体

公共文化治理中，不同层级和类别的文化组织是公共文化建设的载体。在公共文化建设的基层场域，公共文化服务的组织体系主要包括县（区）层面、乡镇（街道）层面和村（社区）层面的公益性文化机构。县（区）层面的组织载体主要是文化馆、图书馆和博物馆，需要给予空间布局、辐射半径和服务功能足够关注；乡镇（街道）层面的组织载体主要是文化站、文化广场等，力争使它们发挥承上启下、联通城乡的作用；村（社区）层面，要重点推进文化大院、农家书屋的发展，使它们有能力开展形式多样的群众文化活动。

一、县（区）层面的组织载体

（一）文化馆

文化馆是开展群众文化的组织载体。作为由政府主导的文化事业单位，文化馆具备促进文化发展的资源条件和组织优势，在公共文化建设中的地位不可或缺。在社会变革和数字化时代，文化馆既面临着引领先进文化发展的重要历史机遇，也面临着文化形式和服务功能创新的实践挑战。

1. 文化馆的功能设定

文化馆是组织开展群众文化活动的专门机构和重要场所，肩负着文艺理论创新、文化艺术创作、非物质遗产保护、群众文化指导等多项职责，其功能定位决定着其发展方向、方式和动力，也影响到公共文化服务的广度和深度。公共文化建设语境下，文化馆的功能应重点定位在以下方面：举办各类展览、讲座、培训等，普及科学文化知识，开展社会教育；为群众文艺创作和业余文艺团队建设提供指导和帮助，策划组织丰富多彩的群众文化活动；开展非物质文化遗产的普查、展示、宣传和传习；推动基层文化信息网络建设，开展数字文化信息服务。

2. 文化馆的运作模式

文化馆的运作模式不仅影响着组织运行效率和功能目标的实现，而且影响到文化资源的整合利用和公共文化的辐射发展。各地文化馆运作的实践经验表明，构建文化馆的总分馆模式是一种有益的探索。在推进公共文化建设中，各地应立足县域范围，借鉴并推广文化馆的总分馆运作模式——以县级文化馆为总馆，镇（街道）综合文化站为分馆，村（社区）文化活动中心为支馆，整合配置基层社会的文化资源，尤其是要注意挖掘蕴藏在民间的特色文化资源和民族民间文化，使它们与主导文化相互补充、整合利用，形成公共文化建设的资源基础。在总分馆组织体系下，必须明确总馆、分馆、支馆各自的服务重点、服务内容和服务方式，建立总馆、分馆、支馆三者间合理的事权配置和财力结构，确立组织效能、服务绩效的度量维度和评估指标，确保文化馆在公共文化建设中服务辐射功能的发挥。

3. 文化馆的实践创新

实现文化馆的功能目标，促进总分馆模式的实施，需要建立相应的制度框架和动力机制。为此，嘉兴市文化馆建立了理事会制度，海盐县制定了总分馆的政策办法并实施了文化下派员制度。这些创新行动，拓展了文化馆的发展空间，丰富了文化馆的发展内涵。在公共文化建设中，各地文化馆积极探索，形成了很多可资借鉴的经验。湖北浠水县文化馆是集文艺中心、辅导中心、活动中心、调研中心、非遗保护中心于一体的国家一级文化馆，近年来在免费开放服务、群众辅导服务、群众文化活动和非遗保护等方面取得明显进展，促进了该馆设施条件、人员配置、业务能力和服务效能的全面提升。特别是，"十二五"规划建设的文博园区项目，将文化馆与博物馆的功能进行整合和集成，突出了新文化馆宣传、辅导、培训、表演、服务、展览等六大功能。山东曲阜文化馆在面向公共文化服务中，定期组织文艺专业人员就乡镇综合文化站建设进行技术指导和跟踪服务；经常组织书画家、文艺团体、志愿者协会深入进行文艺展演，辅导帮助群众组建各类以健身、休闲、娱乐为目的民间社团，变"三下乡"为"常下乡"，活跃并丰富了文化生活。

（二）图书馆

图书馆是搜集、整理、收藏图书资料供读者阅览、参考和学习的公益性文化机构，在文明传承、文化传播中发挥着不可替代的作用。就公共文化服务来说，图书馆成为公众获取信息服务、提高文明素养、增强文化技能的重要场所和基础平台。在数字媒体时代和信息网络社会，公共图书馆面临着转型发展的现实压力。兼顾文化属性、经济属性和社会属性，图书馆必须在公共文化服务的理论、模式和体系等方面进行变革，拓展服务的广度和深度，提高服务质量和效率。

1. 图书馆的运作基础

图书馆最核心的功能即收集、加工、整理和管理那些记录人类文明和文化财富的文化典籍。现代信息社会，信息技术越来越多地被引入图书馆的各项业务中，引发文献生产数量、类型、形式的急剧增长和不断丰富。图书馆不仅需要对印刷体的图书资料进行整理，还需要开发电子文献和数据库，以满足公众对不同形式文献资源的需要，促进文献信息的转码、传播和交流。为此，图书馆应根据文化发展的线索，不断开发专业性、特色化的馆藏资源，以利于地方公共文化资源的挖掘和利用。针对图书馆在公共信息传播领域的服务功能，图书馆应当利用自身的信息和人才资源，收集和整合专题信息，以利于公众对信息资源的快捷查询。

针对图书馆在文化产业发展领域的服务功能，图书馆应当着眼于经济社会和文化产业的发展，开发和搭建关键的商用数据库，为企业和个人的生产性活动提供数据支撑。如此，才能形成图书馆助力公共文化建设和区域经济发展的坚实基础。

2. 图书馆的服务导向

图书馆承担着建立图书与信息馆藏体系，开展知识流通与咨询活动，开发与传播信息资源，提供民众教育与文化信息的社会职责。在文献资料和数据平台开发的基础上，为了方便公众阅读和查询使用，图书馆必须致力于增强文化资源的公共服务功能。首先，基于公平性，图书馆应广泛设立馆室，创造全覆盖的阅读条件，使公众能便利地接触到图书，公平地行使阅读的权利。其次，基于公益性，图书馆应尽可能多地为公众提供免费的阅读服务，使社会各阶层都能零门槛享受文献信息服务，营造全民阅读的良好文化氛围。最后，基于专业性，图书馆应当不断完善其文献收藏和数据开发，满足公众对不同领域、不同内容、不同形式、不同规格文化资源的需求。

3. 图书馆的功能设定

图书馆是文献资源的集散地，是信息资源传播的枢纽，并拥有专业化的人才资源，这些资源优势决定了图书馆可以实现多重文化服务功能，具体包括：①通过其专业人才和专业知识，指导公众阅读，普及科学文化知识，帮助公众将文化知识应用于社会生产的实践活动。②通过信息查询和咨询服务，构建网络信息平台和人工服务平台，为解决群众社会生产生活出现的问题提供服务。③通过组织文化展览、举办文化沙龙、开展文化传播等服务活动，营造良好的文化氛围，塑造积极向上的文化生态，促进社会生活向理性、健康、积极的方向发展。④通过举办影视观摩、学术交流、网上咨询、文献提供、文化休闲等，促进信息流、资源流、知识流在社会生活中的互动和共享，以利于社会的文化教育、交流和传承。

4. 图书馆的实践创新

图书馆是公益性文化事业单位，是民众的终身学校，也是与民众文化生活最密切的场所之一。各地在推进公共文化建设中，致力于图书馆运作机制的创新，积累了一些成功范例。

（1）“四位一体”的图书流动服务模式

所谓“四位一体”，即包括作为投资主体的政府、作为责任主体的图书馆、作为参与方的企业和作为受益方的基层单位的协调运作模式。这种模式将多元主体整合起来，通过明确和保障不同主体的责任和功能，通过优势互补、协调互动的组织运作网络，实现了图书馆馆藏资源的有效利用，在开放服务、送书下乡、信息咨询、业务辅导等方面取得了明显进展，为公共文化建设增添了新的动力。

（2）城乡全覆盖的“嘉兴模式”

文化资源城乡分布上失衡是公共文化建设的现实困境。出于解决这一问题，实现公共图书馆城乡全覆盖，嘉兴开创了公共图书馆“嘉兴模式”。这种模式是以图书馆乡镇分馆为骨干，以村（社区）图书分馆（流通站）和图书流动车为基础，以企业、学校等图书馆联合加盟为补充的组织体系，形成覆盖全市、城乡一体、功能完善、资源共享、管理规范的图书馆服务体系。这样，城乡图书馆之间的“篱笆墙”被打破，实现了城乡图书馆高度融合、文献资源高度共享、以城带乡服务辐射，产生了良好的社会效果和示范效应。

（3）“三合一”服务模式

为开展面向农村的流动服务，中山图书馆创造出了“图书漂流、流动图书馆，农家书屋‘三合一’服务模式”。该模式以图书流动为运行模式，以图书漂流为辅助手段，以农家书屋为客户终端，使农家书屋规划下的“绿色网园”可以共享流动图书馆的电子图书资源和信息咨询服务，使图书资源以“漂流”的方式在农家实现互换和共享。

（4）数字图书馆联建模式

利用数字技术和信息网络，建设数字图书馆是拓展图书馆服务功能的重要事件，也是现代图书馆创新发展的重要方向。嘉兴图书馆通过与多个图书馆联合共建，以“合作共赢、共建共享”为目标，运用现代网络技术，建成了以综合性、跨系统、全民共享的数字文献保障服务为特色的数字图书馆，取得了良好的实践效果，值得推广应用。

（三）博物馆

博物馆是以教育、研究和欣赏为目的，收藏、保护并向公众展示人类文化和自然遗存的非营利性机构。博物馆中展示的见证物是由其征集、典藏、陈列和研究的，代表着自然和人类文化遗产的实物。通过对这些见证物的研究和欣赏，人们不仅可以学习更多的历史知识，深入思考人类世界和历史发展，还可以通过挖掘这些见证物的精神和实用价值，开发和利用相应的文化资源。

1. 博物馆的功能设定

不同类型的博物馆定位于不同的社会需求和文化需求，有其不同的功能特色。从主题形态上来看，博物馆包含建筑物、植物、动物、水族、史迹、古镇、民俗等。从内容上看，包括历史的、美术的、人类的、科学的、专题的博物馆等。一般而言，博物馆的基础功能包括以下 4 点。

（1）社会教育功能

从公众的兴趣和需求出发，为了最大化地实现博物馆的公益性和社会责任，博物馆可以利用自身的知识资源而开展知识讲座、室内教程、户外活动等公众参与的各种互动性活动。通过这些活动的开展，不但可以传播文化知识，还有利于吸引公众的参与和关注。

（2）信息服务功能

由于博物馆掌握历史方面的知识信息，基于公众的信息需求，博物馆可以通过网站资讯、资料查询等形式向公众提供信息查询服务，在此过程中，博物馆应当尽可能地以免费的方式提供这些服务，以使得公共文化服务的效果最大化。

（3）专业服务功能

博物馆可以通过其在文物保存、修护、研究等专业知识和技术，为公众提供展览设计、文物修复、文物复制、文物摄影等功能性服务。

（4）场馆服务功能

为了提供更多更好的公共文化服务，最大化地实现资源整合和共享，博物馆可以依托自身的场馆、设施，根据具体情况向单位和个人提供无偿或有偿的服务。例如，在展览场所进行诗歌朗诵、名人讲演、继续教育、文化社交、文化表演、音乐会等相关的文化和商业活动。

2. 博物馆的发展导向

为了更好地发挥博物馆在公共文化服务中的功能，适应信息时代的公众需求，打造博物馆自身的竞争优势，博物馆的运作创新可从以下 4 个方面展开：①发展以信息化、数字化为基础的展品建设，运用语音讲解、3D 模拟动画、情景展示等技术手段，使公众更好地感知和体验文物承载的文化信息。②挖掘文物的精神文化价值，通过复制品来发展文物的大众消费广场，满足公众在日用品、装饰品、礼品等方面的社会文化需求。③通过虚拟技术、三维技术、计算机技术、显示技术、视效技术等手段建设呈现于网络上的数字博物馆，把珍贵的实体文物，变成鲜活的数字模型，从而引发观众浓厚的兴趣，引领博物馆进入公众可参与交互式的新时代，达到文化传播、科普教育的目的。④通过物理识别、视觉技术、影像捕捉技术、投影数字技术等实现奇幻动感的交互体验，结合公众互动的不同形式，营造文物的神秘感、科技感及体验感，吸引公众参与文化活动，提高历史文物和知识的吸引力。

3. 博物馆的创新实践

博物馆是人类收藏历史记忆凭证和熔铸新文化的殿堂，是我国公共文化服务体系的主要组成部分。开展文博工作，发展文物事业，既是公共文化建设的应然内容，也是公共文化建设的动力引擎。山东文登在推动博物馆发展中，积极挖掘地方特色，合理布局功能展区，形成了以“龙魂文脉”为主题的展厅、以“文登学人”为题材的展厅，着力打造“乡土文化课堂”。开放服务以来，该馆通过整合馆藏资源，创新传播平台和展示形式，推出了系列化、多样化的陈列布展服务和主题教育，实现了文博资源的集成和共享，拓宽了公共文化生活空间，开创了县级博物馆创新服务的新路子。博物馆的创新实践不只是综合性博物馆的举动，一些地方特色博物馆在发展中也进行了有益探索。重庆巴人博物馆是展示巴人、巴国、巴文化的县级文博事业单位，也是爱国教育基地和科普教育基地。近年来，该馆在做好文物收藏、文博研究的同时，积极开展文物展示、科普巡展和开放服务，并通过数字化博物馆平台、网络博物馆建设，挖掘并展现出当地的历史文化特色，为公共文化建设增加了活力。

二、乡镇（街道）层面的组织载体

（一）综合文化站

乡镇综合文化站是根植基层的公益性文化单位，发挥着国家政策宣贯、科技知识普及、农业信息传播、公共文化提供、健身娱乐服务等功能，是面向群众的综合性公共文化机构。

1. 综合文化站的组织运作

作为政府系列的文化事业单位，乡镇文化站不但承担发展和管理文化事业的作用，还兼顾着一部分社会管理的具体工作。与文化馆的功能定位相似，一般来说，综合文化站的功能包括：文体事业的组织建设与管理、政策法制宣传教育、文体活动组织管理、各类文化艺术的相关培训、文化作品的组织创作、公共文化资源配送与管理、文化工作业务指导、文化交流、民间文化艺术遗产搜集整理与保护及文化市场的管理等。然而，在乡镇层面，市场化的文化事业和文化产业发展水平相对较低，居民文化生活相对落后，政府在文化活动中占主导地位，这些都决定了乡镇综合文化站具有较大的发展空间，并具有与市县级文化馆不同的发展特点。因此，在其发展模式的构建和运作管理实践中存在着不同的现实要求和关键环节。

2. 综合文化站的发展导向

首先，作为乡镇范围内公共文化发展的重要支撑，综合文化站应不断强化文化服务的主体观念，应当从整体上规划公共文化服务的发展，制定乡镇公共文化发展的战略，形成并构建文化发展的基础平台，并不断拓展文化站业务活动的广度和深度，以利用和开发乡镇公共文化的资源潜能。其次，作为市场经济条件下的文化发展主体，综合文化站可适当发挥市场机制的作用来配置文化资源，通过推动文化产业的发展来促进文化产品和文化服务的提供，并应当将公共文化服务置于乡镇社会经济发展的宏观背景下进行规划。这样才能使得经济发展成为文化服务的坚实基础，使得文化服务成为经济发展的有效支撑，最终实现经济和文化的相互促进和共同发展。最后，着眼于居民文化生活单一和文化观念淡薄的现实，在发展公共文化服务中，综合文化站既要紧紧围绕居民的文化生活，又要发挥文化发展的引领作用；既要满足居民当下的文化需求，又要不断培育其文化生活的自觉性和积极性，通过文化自觉性的培养，最终使居民成为文化发展的主体力量和动力源泉。此外，为了更好地适应和利用信息时代的文化技术和方法，乡镇综合文化站还应注重文化活动的互动性和开放性，通过文化的交流和技术的引进，使文化站业务活动的开展更加高效，公共文化服务的水平不断提高。

3. 综合文化站的具体实践

实践中，由于文化意识的淡漠化、建设标准的刚性化和评估标准的形式化，综合文化站在可持续发展和常态化服务方面面临着诸多困难。例如，重庆市武隆区在推进公共文化建设中，立足“文化教育名乡”地位，发挥当地文化底蕴丰厚、地方文娱资源丰富、教育事业昌盛的优势，加大乡综合文化站的软硬件设施建设，强调素质教育与文化发展的结合，着力提升“综合文化”发展内涵。在公共文化建设中，着力推进文化惠民工程建设，通过广播电视“村村通”工程、电影放映工程、人民群众体育建设工程和农家书屋开放服务工程的广覆盖，改善了基层公共文化设施，为公共文化活动的常态化奠定了基础。围绕元旦、清明、端午、中秋、国庆、春节等重大节日组织开展形式多样的文体活动、文娱表演和文化竞赛，丰富深化群众文化内涵，使人民群众的文化享受与素质提升相得益彰；连年举办以“自然、畅享、和谐、增收”为主题的油菜文化旅游节，赋予“基层旅游”以特色文化内涵，开创“文化富民”的新路子。再如，云南保山在推进公共文化建设中，重新定位乡镇综合文化站的功能，创造出文化站转型发展的新地标——“新型文化综合体”，为乡镇文化站的发展提供了范例。保山强调文化站的发展首先应基于对文化认知的转变，将文化站的建设视作精神文明建设的“窗口工程”、集镇建设的“亮点工程”、满足文化需求的“民心工程”和文化经济共同发展的“示范工程”。在文化站的转型发展中，保山芒宽彝族傣族乡把文化站的转型发展置于乡镇整体发展格局中去规划，提出多元文化本体的有机结合、文化建设与经济建设、社会建设、生态建设相结合的发展思路，开创了以“文化乐民、文化育民、文化富民”为主要内容的文化发展范例。在文化乐民方面，通过组织开展一系列特色文化创建活动，并形成常态机制，使得基层生活丰富多彩。在文化育民方面，通过文化信息工程的建设和完善，教育和培训群众的文化观念、拓宽其文化视野、普及农业生产的知识和技术，以培育新型人民群众，助力社会发展。在文化富民方面，通过发展特色文化产业，使文化成为群众致富的方式。芒宽在推动文化站转型发展中，更新观念、拓宽视野、改变格局，破解了“五子文化站”有名无实的现实困局，突破了文化站定位于“小文化”的发展局限，立足于“大文化”的发展思维，创造出“新型文化综合体”，使乡镇文化站真正走上了“文化惠民”之路。

（二）文化广场

在乡镇范围内，文化广场是以蕴含较多文化内涵为主要建筑特色的场地，是为公众提供休闲的公共空间和文化场所。文化广场是一种开放性、包容性公共文化空间，是培育民众素质、增强民众体质、陶冶民众情操的重要阵地，是开展群众文化活动的重要载体。公共文化建设背景下，文化广场借助广场文化的表现形式，使其承载的文化内涵日渐丰富、活动形式更加多样、文化服务更加便捷。

1．文化广场的功能设定

文化广场的开放属性、建筑特色和场所优势，决定了其文化活动的开放性和社会影响的广泛性。结合公共文化建设的现实需要，尤其是公众的文化需求和期望，文化广场应不断创新其公共文化服务的功能，具体包括：①依据文化广场的开放性和场所优势，文化广场可以举办不同的演出活动。在文化广场，专业的文艺团体、表演人才可以筹划专业的文化演出，而社会公众也可以自发地组织文化活动和表演。②依据文化广场的场所优势，为倡导健康文明的社会风尚，提高公众的文化素质和修养，文化广场可以举办不同的摄影作品展览、科普图片展览以及知识竞答和观众互动等，通过摄影家、表演艺术家和文化大家的引领、熏陶，提升当地的文化软实力。③依据文化广场的影响力和感染力，文化广场可以将法律知识、政府政策、文化知识等融入广场活动，以发挥传播先进文化的媒介作用，达到宣传和教育社会公众的目的。

2．文化广场的具体实践

（1）文化广场的品牌化发展

为了突出文化广场的个性，彰显文化广场的品牌，文化广场可以通过有影响力的文化活动的组织和策划，培育和开发主题性、差异性的文化活动品牌，以形成文化广场的广场风格。例如，青岛就建成了以“城市客厅”为名片的汇泉广场，纪念“五四运动”的五四广场，以音乐为主题的音乐广场。各地在推动文化广场发展和广场文化建设中，创造出诸如“一元剧场”“彩色星期六”“没有围墙的剧场”“大地欢歌”文化节等一批特色文化活动，充分利用广场的空间优势，实现了空间优势、资源聚集和发展动力的有效整合。

（2）文化广场的多元化发展

公众文化需求的多元化决定了文化广场的多元化发展。公益性文化活动、群众自发文化活动、商业性文化活动竞相登场，各自表达着不同的文化诉求。晨练、广场舞、地方戏、民乐、杂耍表演等多样化的文化形式，是民众健身、休闲、娱乐、交流的重要形态。这些活动中，既有专业文艺团体举办的文艺汇演和巡演，也有业余文化社团自发组织的自娱自乐的文化活动等。这些开放、多元、创新、本土化的文化活动，提升了基层公共文化覆盖水平和供给能力；打破了城乡文化壁垒，促进了城乡文化一体化发展。

三、村（社区）层面的组织载体

（一）文化大院

文化大院始于20世纪90年代末期，是人民群众依靠自家的住所、院落、资金、人才等资源，自发建立的文艺演出、书画创作、图书收藏、影像放映等文化活动的民间组织，其基本特征是人民群众自办、政府引导。由于能够贴近人民群众的日常生活，满足人民群众的文化需求，自文化大院建设开展以来，其内容不断丰富，形式不断深化，内涵不断延伸。

1. 文化大院的功能设定

文化大院是以文化服务为宗旨，政府主导、人民群众自办为特征的公益组织，是深入乡间的文化活动载体，其功能包括：①文化大院可以根据场所条件，组织开展一些综合性文化体育活动，如举办展览、讲座等活动，通过文化活动的举办和文化知识的普及，从群众中培养和开发文化人才。②文化大院可以通过社会网络，加强文化活动的互动发展，并在一定范围内举办较具影响力的品牌文化活动，以挖掘独具特色的民间艺术。③在政府和民间文化机构的支持和指导下，文化大院可以开展群众读书读报活动，以培养居民的文化意识和文化参与的热情。④文化大院应当紧跟信息时代的发展步伐，通过网络信息平台的建设和信息服务，拓宽公众的思维和视野。⑤从地方物质及非物质文化遗产保护的视角，文化大院可以通过开展文化遗产的搜集、整理、展示和宣传活动，以便更好地挖掘本地的文化内涵。

2. 文化大院的具体实践

在文化大院的发展实践中，资金和人才经常成为发展的瓶颈。在投资建设文化大院时，应当强调以产业带动文化大院建设，以实现其可持续发展；在人才培养和开发方面，则应当调动不同主体的创造性。作为吉林省公共文化服务的成功典型，吉林市永吉县岔路河文化大院创新性地通过组织和制度来激发文化发展的热情。文化大院通过建立集歌舞、娱乐、书法、美术、健身、器乐演奏、大秧歌、文学、民俗等于一体的社团联合会，将包括文化体育、民族歌舞艺术、教育、兴趣爱好、慈善公益、科技发明创造等在内的众多文化社团组织起来，并在每个社团实行“自我组织、自我管理、自我教育”的方针，使得各项文化活动生动有序地开展起来。

（二）农家书屋

农家书屋是建在行政村且有一定数量的文化资源，开展日常文化交流、传播和享受的公益性文化场所。作为文化惠民工程的农家书屋工程自 2007 年全面推广以来，在弘扬社会主义先进文化、丰富居民文化生活、提高人民群众文化素质和农业技术水平等方面发挥了重要作用。要更好地发挥农家书屋在知识、信息、技能等方面的传播、交流、服务和提高功能，必须着眼于农家书屋的实际运作，不断改进农家书屋的运作机制和服务模式，真正把农家书屋打造成居民的“精神乐园”和“文化绿洲”。

1. 农家书屋的运作管理

图书资源是农家书屋开展业务的基础，满足人民群众对信息服务和农业知识的需要，农家书屋的图书资源应当不断丰富并经常更新。为此，政府需要持续加大对农家书屋的投资力度，引导和鼓励社会力量通过捐款、捐书等方式参与书屋建设，不断改善书屋的硬件配置和软件资源。同时，农家书屋应尝试新的运作方式，通过邻近书屋间图书资料的流通和互借，打破“各自为政”的封闭状态，实现资源的整合利用和共建共享。在日常运作中，应设置专门岗位并聘用专人负责书屋的日常事务，制定相应的制度规范和运作流程；开展管理人员的业务培训和经验交流，保障其工资待遇和生活福利，不断提高其业务素质和管理水平，激发其工作热情和潜能。信息网络时代，农家书屋需要从主要基于图书、报刊等文化资源逐渐向基于互联网的数字资源转变。一方面，以全国信息资源共享工程为契机，整合推进农家书屋工程与信息资源服务点建设，实现文化信息资源的整合利用和共建共享；另一方面，改造和利用现有的公共设施，将农家书屋与人民群众夜校、老年活动室和农业技术推广机构、“三下乡”服务点整合起来，通过功能集成、资源整合，实现“一室多用”，避免重复建设和资源“孤岛”。

2. 农家书屋的实践创新

农家书屋是人民群众自主管理、自主运作的公益性文化机构，既是提供人民群众读书、看报的阅览场所，也是发挥人民群众主动性和积极性，拓展和满足其文化需求的公共空间。各地在农家书屋创建和运作中，面对农家书屋发展中资源约束和功能虚化等问题，积极探索，创新出一些有效方法。

其一，人民群众阅读养成实践。人民群众的自觉参与，是发挥农家书屋服务功能的前提。因此，培育人民群众的阅读习惯成为农家书屋发展中的关键问题。解决人民群众阅读兴趣不高、阅读习惯没有养成的问题，可以在图书阅读之外，根据人民群众的实际需要，开展一些激励性文化活动，如开展知识竞赛、知识讨论、技能比拼等，来激发人民群众的读书热情。广西来宾在培养人民群众自觉阅读方面取得了很好的效果。为了宣传农家书屋，来宾出版了《大舞台》一书并免费发放，介绍先进典型，还通过组织人民群众文艺队演出，把从农家书屋借阅书籍而获益的典型人物、事例编成故事，利用“4·23”世界读书日、“6·12”世界文化遗产日，与乡镇文化站和文化室联合开展了内容丰富、形式多样的群众读书活动。通过这些活动的展开，来宾的农家书屋把阅读活动从政府引导变成了人民群众的自觉行动。

其二，图书轮换实践。图书资源是农家书屋发展的基础，为解决图书的数量和质量问题，以及图书购置的资金问题，必须不断探索建立文化机构和组织间的图书资源共享机制，以有效地整合地区的图书资源。为此，在具体实践中，广东省探索并实践了图书出版物的轮换流转模式。2014 年，广东省在潮州市、韶关市和茂名市开展农家书屋出版物轮换试点工作。为提高农家书屋利用率，进一步推动图书资源的合理利用，潮州结合当地实际，制定了《潮州市农家书屋出版物轮换试点工作实施方案》，通过不同农家书屋间的出版物的轮换流转，有效缓解了广大人民群众看书难、借书难、买书难的问题。

其三，数字化的农家书屋。伴随着网络和数字技术的发展，数字化文化资源不仅可以方便群众阅读，有效降低出版物的成本，还可以极大地提高人民群众阅读和信息查询的实际体验。与传统的农家书屋相比，数字农家书屋具有公共文化服务一体化、文化内容更新快速和节约支出等优势，成为农家书屋在信息时代发展的有效路径。在实践中，山东宁津在数字农家书屋的发展上取得了很好的效果。

宁津通过对农家书屋进行数字化升级，使人民群众可以通过电子网络浏览到上万册图书，观赏到上千部电影、电视剧、戏曲。同时，通过新型数字多媒体移动播放终端产品的安装，通过接入互联网、电视机、投影仪、显示器等终端设备，这些数字化资源可以在文化信息资源共享、党员干部教育、农业技术培训等方面发挥重要的作用。

第五章　公共文化治理的协同机制和保障体系

本章主要介绍公共文化治理的协同机制和保障体系，详细论述了公共文化发展的多元协同治理、公共文化治理的实践样态、公共文化治理的多元协同模式以及公共文化治理的保障体系四方面的内容。

第一节　公共文化发展的多元协同治理

文化建设是国家整体发展格局的重要方面，文化建设受到国家基础制度架构的制约。中华人民共和国成立以来，经济体制经历了计划经济体制→混合经济体制→市场经济体制的演变。不同的经济体制结构，为文化发展提供了潜在发展范围和改革空间限度。与经济体制的转型发展相适应，我国的文化发展经历了从国家控制到政府主导的转变，并呈现向协同治理演变的趋势。当代中国公共文化建设，要实现人民群众的文化发展权，就需要深入推进基层治理结构的现代转型，构建一种既符合现实国情又代表发展方向的公共文化治理模式。

一、公共文化发展模式的演化路向

中华人民共和国成立 74 年来，随着中国经济社会的阶段性发展，社会基础结构也在发生变化。与经济体制改革的推进基本一致，作为上层建筑一部分的文化建设，也呈现阶段性渐变的特征。在此进程中，国家控制因素在淡化，社会自主力量在增强，由此引发了公共文化建设模式的演进。

中华人民共和国成立之初，面对繁重的国家建设任务和严峻的国际政治环境，在建构理性的支配下，推行了一系列旨在增强国家经济实力、政治动员能力、意识形态制动力的建设方略，实行了集体经济制度和人民公社制度。作为上层建筑一部分的文化建设被纳入国家意识形态领域，强调其政治宣传、政治动员、思想纯化等功能。这一时期，文化建设表现出高度的统一性和纯粹性。这种强控制型的文化建设模式，在一定程度上保障了广大人民群众的文化参与权，但其弊端也是显而易见的：其一，在保持文化领域意识形态的同一性的同时忽略了文化满足群众公共需求的公益性特征；其二，在维护文化发展同一性的同时贬抑了文化的多样性特征；其三，在强调政府控制的同时忽略了社会力量的参与。

改革开放以来，我国确立了发展有计划的商品经济，进而发展社会主义市场经济的改革目标，国家经济形态经历了从计划经济到混合经济，再到市场经济的演进。适应经济体制转轨的需要，国家设立“七站八所”（指县市、区及上级部门在乡镇的派出机构，“七”“八”都是概数，并非确数）并形成“条块结合”的管理体制，以实现对基层公共事务的管理，并构建起了新的公共服务体制。这一时期，文化建设既保留了计划经济时代的印记，也孕育着市场经济的特征。计划经济时代文化建设模式被逐渐否定，一些由政府提供的公益性文化服务活动逐渐产生。但受国家财政体制和基层政府财力匮乏的制约，公共文化供给仅限于“电影下乡”等活动。随着市场经济发展和体制改革的深化，我国公共服务领域逐渐出现了市场化、社会化运作的尝试。在文化组织体系上，“由政府一元主宰发展为政府、企业和第三部门的多元共治”[①]。随着社会力量的发展壮大和适度介入，公共文化建设模式发生了转向，以政府供给为主、社会参与为辅，各级政府均承担一定的公共文化服务职能。

政府主导型的发展模式改变了全能型政府对文化事务的“大包大揽”，适当收缩了政府的职能范围、调整了政府的职能结构。政府文化管理部门通过制定发展规划和文化政策，领导文化事业单位发展公益性文化事业，向社会提供公共文化产品和服务，引导文化企业和第三部门适当参与举办公益性文化事业。在政府主导下的公共文化建设中，群众的公共利益和文化需求的代表和表达需要通过指定的渠道来实现（这些指定的代表和表达渠道往往因官僚化而堵塞），自发的组织和表达形式难以规范发展并形成一定的“话语权”；同时，公共文化建设的决策和管理将公共文化治理简化为行政部门对人和事的单向管理，民众依然被视为

① 刘俊生．公共文化服务组织体系及其变迁研究——从旧思维到新思维的转变［J］．中国行政管理，2010（1）：39-42．

决策、管理和服务的对象，而非这一过程的参与者。在政府主导下，尽管公共文化建设取得了一定的成效，但也使公共文化陷入了困境：一方面，文化供需出现数量和结构上的失衡，群众的文化生活处于匮乏状况，这在一定程度上“为低俗的甚至有害的文化形式提供了发展空间”①；另一方面，这种“嵌入式”的文化建设模式使生活的内生性规则面临危机，基层社会秩序比较脆弱。

在应然意义上，公共文化治理是以保障公民文化权利、实现公共文化利益为归宿，依赖于公民的广泛参与并以集体行动促进文化权益的实现。现代社会，公共利益的实现依托治理来达成。在基层治理中，民主参与是至关重要的一个目的，是促进公共利益形成和实现的有效形式。

二、公共文化发展的多元协同治理概述

民主参与是人类发展的一个至关重要的目的，而不仅是实现人类发展的一种手段。人民群众和民间力量的参与和协商，既是公共事务治理变革的基本规范，也是公共服务制度变革的重要条件。改革开放以来，随着乡政村治在法律制度上的确立，中国展开了以村民自治、社区自治为核心内容的基层治理改革。值得注意的是，中国治理改革一开始就是在政府推动下启动的，是一种渐进式的制度变迁。这种政府主导型的渐进式改革，能够保证改革在预期的目标和轨道上推进，控制变革的成本和风险；但也会带来乡政对村治的强大压力，使基层公共事务治理表现出“强行政”“弱参与”的特点。在公共文化建设中，突出政府及文化事业单位的主导性，强调以先进文化“占领”文化阵地的重要性，漠视群众主体性、“话语权”和正当诉求，形成了“只输入，不培育”的文化工作机制。实践证明，这种“嵌入式”的文化建设模式，不仅难以有效满足群众的文化需求，而且难以在社会生根发芽、开花结果。在深层意义上，文化建设并不只是要满足人民群众的文化需求、保障人民群众的文化权益，而是要通过公共文化空间达到促进社区认同和文化整合。就此而言，公共文化建设，需要在普遍参与、民主对话、利益博弈的平台上来展开。

公共文化作为全民普惠性和价值导向性的公益性事业，其发展自然要尊重并

① 吴淼．论农村文化建设的模式选择［J］．华中科技大学学报（社会科学版），2007（6）：108—112．

保障公民完整的文化权利。政府主导的发展模式因无法保障人民群众相对完整的文化权益而受到质疑。面对公共文化服务的供需矛盾和效率低下，我国一些地方在实践中探索形成了公共文化建设的多种典型模式，“政府主导”“社会参与”“多元互动”是公共文化发展模式创新的典型特征，据此，我们提出“参与式合作治理”作为公共文化建设基准模式的命题。事实上，“参与式合作治理”并不是中国本土概念，它是在西方学和反思间接民主的基础上产生的，旨在用直接民主机制来修复间接民主机制的不足，并实现两种民主的有效结合。“参与式治理”是“治理”与“参与”的结合，意味着与政策有利害关系的公民个人或团体、志愿组织与政府一道参与公共决策过程、参与公共资源分配，从而实现对公共事务的合作治理。公共文化治理的参与式合作模式，提供了人民群众参与公共事务的机会、机制与平台，使人民群众可以通过自治组织与政府进行对话、协商与谈判，促进各方的利益协调，有效提升公共政策的回应性，从而有效维护人民群众的基本文化权益。

应基层民主化发展的要求，多元参与、合作治理成为公共文化建设模式转型的基本方向。一方面，这种模式因为能更好地促进公民文化权利的实现而与现代社会“文化民主”潮流相一致；另一方面，这种模式因为能有效提高公共文化服务的质量和效率而成为实现“文化民生”的重要途径。随着国家“以工补农、以城带乡”城乡统筹发展战略的实践，乡镇综合配套改革的逐渐展开，基层政府与人民群众以管制为特征的联系渠道逐步消退，代之以强调对话和协商为特征的联系方式。就公共文化建设而言，政府应该有效挖掘民间资源、动员社会力量、利用市场机制，寻求与社会、市场的有效合作。这种模式，“要求公共文化发展的各种要素都围绕公民文化权利实现这一中心目标展开，形成‘目标一致、各有侧重、要素联动、优势互补’的动力组合产生文化发展的强大合力”[①]。公共文化治理是文化领域的公共事务治理，它需要尊重群众的主体地位，建立需求表达与利益诉求机制，使他们能够与基层政府就共同利益进行对话协商，逐步建立互动参与、协商对话的制度框架。

① 金民卿．构建多种文化发展模式［N］．中国社会科学报．2011-11-08（7）．

第二节　公共文化治理的实践样态

公共文化是具有整体一致性、价值导向性和全民共享性的文化形式，各地在公共文化建设中，因地制宜、积极探索，形成了一些创新性治理样态，依据其运作方式和主导特征，可归纳为“政府主导”“精英引导”“市场驱动”等类型。

一、政府主导＋社会协同

公共文化是一种特殊的公共物品，政府的介入是不可或缺的。中央明确提出:“各级党委和政府要把公共文化服务体系建设作为提高党的执政能力、建设服务型政府的重要任务，放在全局工作的突出位置，把握方向，制定政策，整合力量，营造环境，切实担负起领导责任。”①政府作为国家的权威性代表，承担着文化发展的战略规划、政策制定等职责，掌握着国家的财政资源和文化资源，具有强大的社会动员能力。因此，政府的积极作为，能够建成相对完善的公共文化设施，创造丰富多彩的文化产品，促进人民群众文化权利的实现。“政府主导＋社会协同”是基于政府在公共文化建设中的目标地位和职能界定，在实践中形成的一种注重政府在资金、政策、管理等方面发挥主导作用的文化建设模式，具有以下特点。

第一，政府主导文化建设，以县、乡、村文化阵地建设为基础，构建公共文化服务的基础平台。近年来，甘肃临泽县按照“完善县一级、巩固乡一级、发展村一级、延伸社一级、辐射户一级”的文化发展思路，积极进行政策规划，不断加大财政投入，改善了县级文化馆、图书馆、博物馆的设施条件，加强了“三馆”的规范化建设，推动它们开展经常性的群众文化服务活动；同时，着力推进基层公共文化服务阵地建设，全县 7 个乡镇已全部建成高标准的乡镇综合文化站。目前，临泽县的公共文化服务体系已初具规模，在基层公共文化建设中，乡镇综合文化站、村文化活动中心扮演着引导者、组织者的角色。

第二，文化活动形式以政府组织的“文化下乡”活动为主。政府以“文化下乡”

① 中共中央办公厅，国务院办公厅．关于深化文化体制改革的若干意见 [N]．人民日报，2006-01-13 (001).

的方式，将群众喜闻乐见的文化娱乐节目、通俗易懂的农业科技知识、便捷实用的文化设施（如流动舞台车、电影放映机等）等送到田间地头，方便群众的文化享受。湖南澧县文化局组织的澧州大鼓《查家底》、小品《包厢里的风波》以及戏曲、歌舞表演等精彩节目，受到了人民群众的热烈欢迎；澧县图书馆为农家书屋和人民群众赠送的图书、图书借阅卡受到了群众的好评。通过“五下乡”（送文化、送图书、送法律、送科技、送医疗）活动，群众的文化、科学、卫生、法律素质得到全面提高，群众的文化生活日益丰富，生活质量得到提高。

第三，社会参与多以村组、社团、自然人等为主体，采取政府主办、社会承办的方式进行。在公共文化建设中，深圳市宝安区积极制定扶持民间文化组织发展的政策，对那些活力较强、影响较大的社会文化组织和民间文艺团体，在文化项目开发和文艺精品生产等方面给予资助，充分调动社会力量承办公共文化活动。政府主导下的基层“文化大院”是这一模式的创新形式。文化大院是以民间艺术家、“文化能人”为发起人和组织者，以文艺爱好者和基层群众为参与者，整合配置农家自有的文化设备和器材，以农家小院为文化活动场所，自发组成的群众文化团体。内蒙古九原区创建的“文化大院”，已有“座腔大院”“歌舞大院”“剪纸大院”“秧歌大院”等多个基层文化团体。文化大院“寓教于乐”，在丰富人民群众文化生活、促进邻里和谐等方面发挥着重要作用。近年来，九原区政府及各乡镇政府每年都投入一笔经费，资助文化大院用于购买活动器材；区文化馆还组织文艺工作者深入文化大院进行巡回辅导，并对文化大院的骨干人员进行理论培训和专业指导，这有力地促进了文化大院的发展，把文化大院建设成为基层公共文化建设的生力军。

二、精英引导＋社团推动

精英一般指那些表现突出的少数人，而民众一般指“被统治的国民”。基层社会，精英是一个客观存在的群体，他们凭借特殊的品格、技能或声望，在基层事务治理中发挥着重要作用。就文化建设而言，散布于社会的“民间艺人”和“文化能人”生在、长在乡土社会，其艺术创造直接取材于乡土社会，艺术形式接近于群众的偏好，因而在公共文化建设中发挥着骨干和桥梁作用。在民间文化底蕴较为深厚、民间文化团体较为活跃的基层社会，往往会形成一种集主导性与参与性于一体的文化发展模式。这种文化发展模式，以“民间艺人”“文化能人”等基层精英为核心，以当地民俗、民艺为基础，通过各种民间文化团体，发掘并整合乡间文化资源，可称为“精英引导”模式，具有以下特点。

第一，基层精英协同、引领文化的发展方向，自发组建各种民间文化组织。在文化建设中，基层精英在文化发展重大事项的启动、决策、实施中，扮演着引导者、参与者和推动者的角色，主导着民间文化形式的发展走向。他们是文化的传播者、创造者和推广者。湖北宜昌三峡地区有位民间说唱艺人刘德方，被专家誉为“三峡地区最具活力的民间故事家和民间艺术家”①。在民间力量的参与下，成立了“刘德方民间艺术团”，注意挖掘具有文艺特长或文学潜质的文化爱好者，培养他们成为民间文化形式的传承人、公共文化服务的提供者，深入基层田间地头，开展经常性的民间文学演唱活动。在甘肃河西地区，人民群众自发组织的剧团、戏社比较多见，它们常年行走于乡镇村社，开展形式多样的文化活动，使民间文化形式得到传承，群众文化生活日益丰富。

第二，文化建设突出民间文化的传承和乡土特色的发扬。在文化精英的引导下，各种文艺团体注意挖掘和开发乡土文化资源，实现了文化资源的有效整合。在浙江苍南县，文化中心面向群众、服务群众，深入挖掘当地非物质文化遗产，把一些独具地方特色的民俗文化搬上舞台，为民俗文化的传承与发展提供了广阔的发展空间；浙江开化县也注重挖掘民间文化，把已经失传和面临失传的民间表演艺术，如锣鼓队、秧歌舞、腰鼓舞、旱船、布龙、竹马舞等通过整理和恢复全部展现出来，保持了文化建设的乡土特色，促进民间文化的多样性发展。在广西东南一带，牛歌戏是一种比较古老的民间小戏剧种，采用当地白话演唱，在苍梧县、昭平县、蒙山县等桂东南基层地区深受欢迎，牛歌戏成了当地重要的公共文化形式。

第三，政府适度的引导和扶持发挥着重要作用。在“精英引导＋社团推动”模式下，政府必要的政策引导和扶植依然不可或缺，影响着文化团体的发展方向和整体规模。山东昌邑市不断加大对基层文艺组织的扶持力度，通过对300余名民间文化能人的培训、指导和扶持，提高了文艺骨干的业务素质和组织能力，每年自发举办文艺演出达1万余场，极大地满足了群众的精神文化需求。

① 黄永林. 要重视民间文化在新基层文化建设中的作用［N］. 光明日报，2006-05-15(8).

三、市场驱动＋官民共建

公共服务的市场化是公共服务供给机制的一个重要方面，当代西方国家通过公共服务提供与生产的分离，在政府绝对控制与纯粹市场交易之间演绎出诸如合同生产、特许经营、凭单制等多种提供机制，有效地改善了公共服务的供给效率。近年来，我国在公共服务领域引入竞争机制，创造了竞争招标、契约外包和社区提供等方式。在公共文化建设中，我国一些地方尝试借助市场机制为文化建设募集资金、资源并创新方式，“文企联办”“公办民营”“民办公助”等市场化运作机制逐渐发展起来，可将其归纳为“市场驱动＋官民共建”模式。概括而言，具有以下主要特征。

第一，依托企业资助、集体投资、村民集资，创新文化投入机制。一是依托当地大型企业或企业集群资助文化事业。对于资金规模要求巨大的文化基础设施或文化活动场所的兴建，可以发挥大型企业实力雄厚、筹资便利等优势，动员它们资助或与政府共同出资来修建。这类文化设施有规模、设施全、规格高，多集中在城市郊区或开发区周边，为城乡居民共享文化活动提供了便利条件，以河北省武安市东山文化公园和霸州市王疙瘩村的农民公园为典型。二是依靠集体力量投资文化建设。在经济发展水平较高、集体经济实力雄厚的基层，可以通过集体投资的方式兴办公共文化事业，以河北省辛集市的都大营村等为代表。该村投资60万元建设的村民文化活动中心，以组织村民舞会和文体活动等方式，吸引十里八村的群众来参与，有效地满足了当地及周边地区群众的文化需求，产生了明显的辐射带动效应。三是依靠人民群众集资发展文化事业。在经济发展相对滞后、家庭收入普遍较低的基层，可以通过集资的方式筹集文化建设资金，兴办公共文化事业，这种模式以河北邯郸市邱县为典型。邱县创造的“股份文化”形式多样，人民群众以“凑份子”等形式成立了“股份戏”“股份球”“百家书”等民间文化团体，突显出“内源型”文化建设的活力。

第二，尝试市场化运作，创新公益文化运营模式。文化事业的繁荣离不开市场，也要在市场中找到自身的适当位置。目前，文化事业单位改革试点中的一些市场化运作很有启发意义。兰州市通过文化项目推介会，把各类文化活动和建设项目面向社会整体推介，借助市场机制对城乡文化资源进行整合运作，为构建高层次的“文化圈”提供了动力支持。近年来，浙江省各地普遍推行政府采购公益性文化产品的做法，政府根据所采购产品的不同特性，通过公开招标、邀请招标、竞争性采购等方式购买公共文化产品。这种做法实现了公共文化服务的提供与生产的分离，并在公共文化产品和服务的生产者中引入了市场竞争机制，有效地提高了公共文化资源的生产效率和配置效率。通过市场化运作，创新公共文化运营模式，为各种文化要素的整合配置提供了平台。

第三，政府创造环境，为“民资文化”发展助力。在坚持公益性前提下实现有限的市场化，政府需要出台推动“民资文化”健康发展的政策措施，规范企业资助、社会投资、政企合作的运作机制，推动以竞争激励机制、引导动员机制为核心的制度创新。福建长乐区政府投资建成博物馆、图书文献中心、广播电视中心、新华书店、会堂广场等文化基础设施，为“民资文化”实体发展创造良好环境；同时，该区还坚持为民资实体“充电”，开展了为书屋送图书、为放映队送电影拷贝、为演出户送精品小戏等活动。如今，每天清晨和傍晚，人民会堂广场、南山公园、郑和公园等地，遍布数十余个扇子舞、彩带舞、民俗舞方阵，丰富了群众的日常文化生活。

四、实践模式的检视与重构

实践表明，创新公共文化建设模式，能够切实维护人民群众的基本文化权益和多样化的文化需求。但若过于强调某一种模式的纯粹性，也容易让它本身的缺陷被放大。政府主导模式下，若过于强调政府的主导地位，则有可能使政府忽视文化建设的主体需求，也就是人民群众的文化权益与需求；同样，精英引导模式若过多地依赖少数精英人物，则可能会无视人民群众在文化建设中的主体地位，并在某种程度上制约人民群众对文化建设与文化生活的选择权、参与权及创造权；另外，市场驱动模式若过分渲染市场化发展倾向，则会造成文化商业化泛滥，弱化公共文化建设的价值导向性和社会公益性特征，并会给人文精神、文化品位带来潜在威胁。

公共文化的发展与繁荣需要遵循基本的文化发展规律，整合多种文化发展要素并吸收各发展模式的优点，使多元发展动力有效结合、良性互动。为此，政府应以积极借鉴和吸纳各种实践模式的优点为基础，不断探索富有活力和更具效率的文化发展模式。构建新型的公共文化发展模式，应做到以下四点。

第一，明确文化发展宗旨，确立公共文化发展目标（保障公民基本的文化权利）。同时，在文化建设过程中，政府应积极采纳社会公众的意见或建议，推动公共文化建设真正落实基层，使民众成为文化建设的主体。

第二，政府需要践行推动“文化民生”和“文化民主”的关键角色，正确看待“弘扬主旋律”和“提倡多样化”之间的关系，发挥文化管理和文化服务的职能，通过战略规划、政策支持和舆论引导等措施，确保社会文化发展方向正确，维护社会文化秩序和优化社会文化生态。

第三，文化精英是实现艺术创作和文化创新的重要推动者，政府应鼓励专业文艺工作者扎根基层，从中汲取创作优质题材的生活灵感；改善民间艺人赖以生存和发展的环境，以政策引导与扶持为手段，扩大民间文艺团体规模，充分发挥其对优秀民族民间文化传承创新和公共文化生产供给的作用。

第四，政府通过市场资源配置，对文化资源进行有效分配与充分利用；建立平等参与、公平竞争的市场规则，运用其竞争激励机制引导社会力量共同参与公共文化产品生产与供给；建立规范有序的竞争网络，以提高公共文化服务质量与效率；政府应努力提升市场化管理能力，积极发挥基本公共文化服务管理职能，自觉践行公共文化服务的公共伦理意义。

第三节　公共文化治理的多元协同模式

公共文化发展繁荣，需要遵循文化发展的基本规律，吸纳各种实践模式优势，探索一种更富活力、更有效率的文化发展模式。这种新的文化治理模式，应综合利用多种文化发展要素、吸纳协同社会组织力量，构建多元协同的合作治理模式，实现多元发展动力的有效组合和良性互动。

一、公共文化治理多元主体的行动逻辑

（一）党组织的文化领导

文化的意识形态属性是党对乡村文化进行领导的重要原因，但却不应该是唯一的原因。计划体制下党的文化领导方式在“理性价值观”和“民主公民权”广

为传播的市场经济时代，已不能适应满足民众精神文化需求和保障民众文化权益的需要。[①] 在此情境下，党应注重公民文化权利的保障，应统筹兼顾主流价值观的普及与公民文化发展权利的实现，并维持两者之间的协调和融合，以赢得民众对社会主义核心价值观的“重叠共识”，使民众在文化需求满足中“潜移默化”地实现对文化正确发展方向的坚守。就此而言，公共文化建设，需要在普遍参与、民主对话的平台上来展开，重构以政府为主导、民众为主体的文化治理模式。在深层意义上，公共文化建设不仅要满足民众的文化需求、保障公民的文化权益，而且要通过公共文化空间达到促进社区认同和文化整合。

（二）政府的文化行政

长期以来，我国地方政府呈现“选择性治理”的行政模式，形成了以经济建设为导向的行政体制。在这种体制模式下，乡村文化建设被置于政府工作的边缘位置。作为公共文化行政的主体，政府必须在“五大建设”全面推进的战略框架内，强化其公共服务职能和文化建设职责。在公共文化建设中，政府应承担起促进公共文化发展的职责，为民众通过平等对话表达文化需求和文化利益提供平台，引导建立需求导向型的公共文化发展机制。一是以维护文化秩序、保障文化权利为目标，将政府职能定位在文化管理、文化服务等方面；二是转变政府文化行政管理模式，实现从指令型管理向引导型管理的彻底转变，积极推动向治理型模式转变；三是强化政府在文化宏观管理领域和公益性文化事业领域的作用，扮演好文化管理的规划者、统筹者和公共文化服务的安排者和提供者角色。在实现政府部门角色适度分化的过程中，明确政府在公共文化建设中的“安排者”和“提供者”角色[②]，扮演好公共服务的规则制定者、服务提供者、市场监管者的角色。负责组织和监管乡村公共文化产品的投资、生产、供给；负责制定和实施公共服务的规则和标准（如准入资格、服务价格、服务质量、成本效益、竞争秩序、公共补贴等），实现对市场力量的合理规制，确保公共文化的公共性、公益性和公平性，实现公共文化服务公平与效率的同时改进。

---

① 吴理财，张良．乡村治理转型视域下的文化体制改革［J］．社会主义研究，2012（5）：72—76．

② 麦金尼斯．多中心体制与地方公共经济［M］．毛寿龙，译．上海：上海三联书店，2000：111．

（三）公益文化组织的文化供给

文化事业单位是我国事业单位在文化领域的一种组织形式，是公共文化服务的主要组织载体。长期以来，我国的政府机构、事业单位和国有企业常常交织在一起，使得事业单位的组织属性和职能边界模糊不清。推进文化事业单位改革，就是要在实现“事企分离”的同时，着力推进“政事分开”，理顺文化事业单位与政府机构之间的关系。适应文化建设的新任务、新体制、新格局，按照“政事分离、管办分开”的原则，根据文化事业单位存量巨大、类型多样的现实，在分类改革战略设计中，以科学界定政事关系为基础，根据文化事业单位性质实行分类管理，将从事公益性服务的“三馆一站”（文化馆、图书馆、博物馆、镇综合文化站），体现民族特色和国家水准的演出机构，承担重要艺术创作、研究和教育的公益性任务单位等，在性质上明确确定为公益性文化事业单位，深化公益性文化事业单位的内部制度改革。在基层公共文化建设中，乡镇综合文化站居于“联通上下”的枢纽地位，应激发乡镇综合文化站的生机和活力，特别是明晰乡镇文化站的职能范围及归属管理和服务范围，加强文化站的规范化和标准化建设，强化其公共文化组织管理和服务供给能力。同时，随着“单位制”社会的解体，现代社会公共生活越来越多地依托于社区展开。作为现代社会的微型空间，社区孕育形成了一些自治性、准自治性的组织，它们是开展公共文化建设的重要依托，承载着休闲娱乐、信息传播、学习提高的服务功能，发挥着互动协商、集体行动的作用，对公共文化建设具有重要的推动作用。

（四）文化企业的供给介入

在公共文化领域，纯粹的政府机制和市场机制都无法实现资源的优化配置。乡村公共文化建设，需要在保证公益性的前提下适当引入市场机制，寻求社会公益与运作效率之间的平衡。在坚持公益性前提下实现有限的市场化，是我国公共文化建设的现实选择。实践中，地方政府正在探索通过合同外包、招标采购、委托生产等方式，引导企业参与公共文化设施建设和公共文化服务的生产供给。市场主体的参与，有助于打破公共文化建设中垄断格局，有助于提升公共文化建设的效能。文化企业是文化市场的微观主体，它应当有独立的产权地位和自主的经营权限，独立承担法律责任。就我国现有的体制而言，文化市场主体的培育有两条途径：一是推行事业单位分离改革，实现经营性文化事业单位“转企改制”；二是放宽文化市场准入条件，在保证国家文化安全和文化市场秩序的前提下，引导非公有制文化企业发展壮大，打破“条条”“块块”带来的垄断，构建自由规范、竞争充分的文化大市场。当然，市场也不是万能的、完美的，过度张扬市场力量、依赖市场机制，很可能削弱公共文化的价值导向和公益特征，构成对人文精神和文化品位的潜在威胁。在坚持公益性的前提下实现适度的市场化，需要政府必要的引导和监管，使市场力量在合法的框架下、合理的范围内运作。

（五）民众的自主参与

乡村公共文化建设，尊重民众的主体地位、发挥政府主导作用，两者不可偏废。民众的参与之所以重要，就在于他们既是公共文化建设的受益者，也是公共文化建设的主体力量。民众的普遍参与是实现乡村公共文化治理的前提条件。民主意味着参与。只有公民的普遍参与，才能从根本上保障公民的话语权，使行动各方就公共议题展开平等讨论和磋商，从而在各方利益表达、意见综合的基础上产生可靠的行动方案。当前基层公共文化重建的一个方向，就是注意唤醒民众的主体意识，引导民众自主参与到公共文化建设之中。基层公共文化建设，应合理协调政府主导与民众主位的关系，建立“政府理性引导、公民充分表达”的新模式[①]。公共文化治理，就是期望通过“自上而下”行政推动与“自下而上”社会行动的有机结合，打破当前公共文化建设重“送”轻“种”的模式，破除民众在文化建设中的“集体失语”状态，重新肯定民众在乡村文化建设中的主体地位。针对民众参与意识和愿望不强、参与能力和条件不足的现实，在强调建立普遍的参与制度平台、畅通参与渠道的前提下，注意发挥群众自治和民间社团组织在动员基层群众方面的作用，通过民主恳谈会、意见听取会、村务协商会等形式，不断增强民众的参与意识和参与能力。同时，要注意挖掘蕴藏在基层的传统和力量，发挥村民运动会、村庄自乐班、民间歌舞团等草根组织的作用，聚合形成村庄的公共利益和公共需求，促进村民参与的组织化、规范化和有序化。

---

① 陈振明．公共服务导论［M］．北京：北京大学出版社，2011：238．

二、公共文化治理多元协同模式构建条件

（一）政府文化行政的转型

政府作为公共事业的关键治理主体，无疑在公共服务发展中发挥着主导作用。政府的执政理念、行政方式、职能配置等，对社会公共事务治理产生着重要影响。现阶段，随着国家治理理念的转变，公共行政正发生着根本性改变，以“经济建设为中心”的发展型政府已不合时宜，服务型政府建设正在推进。服务型政府，是在民主制度框架下，“以为公民服务为宗旨，实现着服务职能并承担着服务责任的政府”①，其核心职能是社会管理和公共服务，基本宗旨是实现社会公平与正义。②服务型政府强调公民是社会的主人，政府的责任是为整个社会发展提供基本规则和秩序，科学规划国家发展目标和战略。在此框架下，引领各类社会组织、公民个人采取协调一致的行动，追求社会公共利益。当下，建设服务型政府，基本取向就是要向全社会提供基本均等的公共服务，增进“人民的福祉”，促进“民生政治”建设。

在服务型政府模式下，公共文化事业发展，需要政府重新界定其角色和职能。政府作为公共文化行政的主体，充当着引导者、调控者、服务者和监督者的角色。在公共文化建设中，政府应承担起促进公共文化发展的职责，为人民群众通过平等对话表达文化需求和文化利益提供平台，引导建立需求导向型的公共文化发展机制。为此，一要以维护文化秩序、保障文化权利为目标，政府职能应定位在文化管理、文化服务等方面；二要深化文化体制改革，彻底改变政府“官办不分”、大包大揽的文化体制模式，实现由管、办、养合一的生产方式向政府主导、多元参与的供给方式转变。在具体行政方式上，实现从全面管理向重点管理、统一管理向分类管理、单一管理向多样管理的转变。在一定意义上，政府在自身改革中能否实现职能、体制、过程等方面的彻底转变，直接影响甚至决定着公共文化参与式治理模式的构建与运行状况。

① 刘熙瑞. 服务型政府——经济全球化背景下中国政府改革的目标选择 [J]. 中国行政管理，2002（7）：5—7.

② 林尚立. 政治建设与国家成长 [M]. 北京：中国大百科全书出版社，2008：172.

（二）市场机制的适度介入

现代社会公共服务体系的建立，不仅依赖于政府的主导，而且也有赖于社会市场化的充分发育。现代政府的“公共服务”职能，决定了政府在社会公共服务事业发展中必然发挥着主导作用，但政府主导并不意味着政府大包大揽，也不能代替社会力量的参与。事实上，政府对公共事务主导作用的实现，需要借助于市场力量和市场机制才能够充分实现。因此，市场化的充分发育，市场机制的适当引入，对于建构公共文化服务多元治理机制，有着重要的现实意义。适当地引入市场力量，需要着力推进传统文化事业单位的产权改革，实现公益性文化事业和经营性文化产业的分离。唯有如此，才可以在明晰产权归属的前提下，通过税收优惠政策和其他扶持政策，激励私人部门参与公共文化建设。

市场主体的参与，有助于打破公共文化建设中的垄断格局，营造多元主体广泛参与的环境，并有助于提升公共文化建设的效能。当然，市场也不是万能的、完美的，过度张扬市场力量、依赖市场机制，可能削弱公共文化的价值导向和公益特征，构成对人文精神和文化品位的潜在威胁。在坚持公益性前提下实现适度的市场化，需要政府必要的引导和监管。通过法律法规的规约和公共政策的引导，促进公共文化建设走向普惠性、均等化，避免出现歧视性供给、私人的消极供给以及对社会底层的排斥，确保市场力量在合法的框架下、合理的范围内运作，切实做到趋利避害、扬长避短。

（三）社会组织的有序成长

公民社会是现代社会“三元结构”中政治领域、经济领域之外的空间，它的存在是对政府、市场的补充和平衡。在传统的压力型体制下，政府往往根据政治偏好和政绩导向来决定公共文化产品的供给总量、供给结构和供给方式，社会民众偏好和愿望并未能得到应有的关注。单一、失衡的供给制度容易引发公共文化服务供需脱节或错位。同时，现代民主机制下，政府的行动倾向于回应“中位选民”诉求和社会普遍问题，弱势群体和微观区域很难进入政策议程，造成对其正当利益的漠视。公民社会组织的成长及其在公共服务中的出场，形成了对政府力量和市场力量的纠治和制衡，依托其自主性的集体行动填补了政府失效可能带来的政策盲区，弥补了市场在调节公共利益上的缺失，能更好地促进社会福利，增进社会公平。

根据政府—市场—社会“三分法”的观点，公共服务供给主体可以有政府、市场和第三部门。社会组织是“第三部门”主体，是政府履行社会管理和公共服务职能的重要补充，是推动传统治理模式转型的重要力量。然而，当前我国社会组织的发展遭遇到合法性困境、组织能力困境和公信力困境，严重阻碍着我国社会组织的发展壮大，也使其在公共服务中的功能和作用大打折扣。基于现实的政治生态和制度架构，推动社会组织的发展，一条可行的路径就是投资于社会资本，增进社会的合作规范、信任和网络，提升社会组织在社会中的认同感和信任度，拓展组织的社会关系网络，更好地与政府、企业和民众形成良好的合作机制。事实上，公民社会的充分发育，除了社会组织的成长外，还需要促进新型社区的形成。社区既是公民社会的微型空间，也是公民社会的组织依托。中国社会的全面转型，已然使“社区”取代“单位”成为人们生活的主要空间。社区作为具有高度认同感的相互依存的自发性共同体，孕育着自身的价值信念和行为准则，并最终形成社区文化。社区文化在一定空间内具有共享性、互约性，承载着休闲娱乐、信息传播、学习提高的功能，发挥着互动协商、集体行动的作用，对公共文化建设具有重要的推动作用。

（四）民众参与网络的形成

公共文化建设的参与式合作治理模式，旨在寻求基层政府与社会组织对基层公共文化生活的合作治理。公共文化建设，尊重人民群众的主体地位、发挥政府主导作用，两者是不可偏废的。人民群众的参与之所以重要，就在于他们既是公共文化建设的受益者，也是公共文化建设的主体力量。只有普遍参与其中，才能有效维护和实现人民群众的文化权益，并实现对政府和公共文化服务机构的监管。可以说，人民群众的普遍参与是实现参与式文化公共建设的前提条件。

民众参与意识的普遍觉醒与利益表达机制的形成，不仅需要政府提供相应的机制和平台，要有意识地培养并拓展社会资本。社会资本的核心要素——信任、合作、互惠、规范等，对于处理村民与村民、村民与村干部、村民与政府的关系至关重要。要促使基层社会中大量存在的信任、互惠和参与网络从传统狭小的社群网络（家族、宗族、姻亲等），扩展至更大范围的村落社群，促进村庄信任层次的提升，培育村庄公共事务治理的组织网络。通过群众运动会、社区自乐班、民间歌舞团等文化形式，促进村民之间的交流与沟通，增强人民群众对村庄的认同感和归属感，促进村民对村庄的公益事业达成一致行动，提高人民群众利益表达的组织化程度，增强利益表达的有效性。当村民的个体利益与公共利益发生冲突时，应当从道德上鼓励并从制度上保证公共利益的优先性。

三、公共文化治理多元协同主体的关系建构

治理意味着公共文化的生产供给是一个更加开放的参与机制。公共文化的公共物品属性，决定了政府在配置公共文化资源、提供公共文化产品、促进文化公平方面承担着不可推卸的责任。而现代社会的民主化取向，同样意味着政府的作为应当在尊重公民“话语权”的前提下进行。面对多样化的文化需求，在公共文化建设的某些可开放领域，可以由政府主导，鼓励和引导市场、社会组织、社区和民众来参与公共文化服务的供给，以此发挥多方主体的功能优势，实现多元主体之间的良性互动。在此过程中，政府应当有所为有所不为，与市场、社会、文化机构、公民建立适当的关系。

（一）政府与市场:“主导性”与适度介入

20 世纪 80 年代，新公共管理理论的兴起，促使人们重新思考政府的角色定位——“掌舵”抑或“划桨”。发达国家的政府部门通过合同外包、业务分担、委托生产、政府购买等途径，创造出公共服务提供的公私合作机制。这种机制的形成，主要是通过政府部门自身的角色分化，即公共服务的生产功能与提供职能的分离实现的。政府部门主要充当公共服务的“安排者”和“提供者”角色，私营部门充当公共服务的“生产者”和“供给者”角色[①]。在公共物品领域，纯粹的政府机制和市场机制都无法实现资源的优化配置。政府失效与市场失灵的客观存在，意味着我们要“扬长避短”，合理选择并有效组合两种机制。公共文化建设，需要在保证公益性的前提下适当引入市场机制，寻求社会公益与运作效率之间的平衡，恰当安置政府的主导作用与市场的有限介入。[②]

当然，公共文化的公益性特征，意味着在寻求公共文化服务的提供与生产适

① 陈振明. 公共服务导论 [M]. 北京: 北京大学出版社, 2011: 118.

② 周晓丽, 毛寿龙. 论我国公共文化服务及其模式选择 [J]. 江苏社会科学, 2008 (1): 90—95.

度分离的过程中，政府应当发挥主导性作用，扮演好公共服务的规则制定者、服务提供者、市场监管者角色，负责组织和监管公共文化产品的投资、生产、供给；负责制定和实施公共服务的规则和标准（如准入资格、服务价格、服务质量、成本效益、竞争秩序、公共补贴等），实现对市场自发性、盲目性、滞后性的规制，确保公共文化的公共性、公益性和公平性特征，实现公共文化服务公平与效率的同时改进。因此，在坚持公益性的前提下实现有限的市场化，是我国公共文化建设的现实选择。

（二）政府与社会：参与、互动与合作

在三元结构理论视野下，“社会”被视为一个与“政府”“市场”并存的概念，主要指公民社会领域。“第三部门”在中国兴起有力地推动着传统治理模式的转型。“第三部门”中大部分组织来自社会基层，以追求社会公正为宗旨、以谋求公共利益为使命，活动不以营利为目的，具有公益性或互益性，与公共服务的价值诉求相一致。推进“第三部门”发展，既可以减轻政府的行政压力和财政负担，维护政府的合法性基础；又可以改进公共服务质量和效率，更好地满足多样化的社会需求。“第三部门”作为一种社会性力量，在政府组织与公民个人之间发挥着沟通和协调的作用，通过其组织化的渠道，可实现公民的利益诉求和意见整合，并通过与政府的沟通与协商，促进转化为行动方案。

在公共文化建设中，由众多志愿者组织、非政府性团体构成的“第三部门”正在发挥着日益重要的作用——它们是政府部门的功能补充者、协助者，两者是互动合作的伙伴关系。为此，各级政府应树立“官民合作共治”的理念，积极培育各种民间文化社团和志愿者组织，通过完善相关法律法规为民间公益组织发展提供政策环境、职能空间，并主动寻求与它们合作，形成“优势互补、良性互动”的格局。基层政府应在某些公共性文化领域有选择地、部分地退出，通过财政补贴、资金扶持、合同外包、委托生产等方式引导和扶植“第三部门”开展公共文化活动。“第三部门”应该在政府失效、市场失灵的领域“积极作为”，自觉回应社会多层次、多样化的精神文化需求，寻求与政府、市场的优势互补、良性互动。

（三）政府与文化机构：“管办分离”“政事分开”

在我国，文化事业单位是文化发展的组织载体，也是文化体制的重要构成。

传统体制下，政府机构无所不包、无所不管，借助其掌控的社会资源对文化事业单位进行全面控制，并以一种“父爱主义”的方式给予文化机构以种种约束和保护。文化事业单位一方面作为公共文化的生产者和供给者，承担着公共文化的生产供给职能；另一方面又扮演着“准政府”的角色，承担着部分文化管理职能。这样，文化事业单位与政府在职能范围、权力边界上便产生了交叉叠合，形成了管办不分、政事不分的关系。改革开放的纵深发展，使传统的社会基础结构和社会资源分布格局被逐渐打破，政府与文化机构的关系也在进行调适。在文化体制改革的深化时期，政府作为文化机构直接资源供给者的角色将逐渐弱化，文化机构获得了独立的法人实体地位，政府与文化机构的关系正在由直接管理、微观管理向间接管理、宏观管理转变。现阶段，应明晰政府与文化事业单位之间的权利义务关系，明确两者各自的职能空间，真正实现“政事分开”；改进政府文化行政模式，实现由管制型向服务型转变，通过政策调节、市场监管、提供服务等方式，维护文化事业单位的独立性，增强其文化创造、文化生产、文化传播的能力，努力做到“管办分开”。

公共文化建设的推进，需要文化体制改革的深化为其提供动力。要适应文化建设的新任务、新体制、新格局，按照“政事分离、管办分开”的原则，分类推进文化事业单位改革。同时，应根据文化事业单位存量巨大、类型多样的现实，在分类改革战略设计中，以科学界定政事关系为基础，根据文化事业单位性质实行分类管理：一是从事公益性服务的“三馆一站”，体现民族特色和国家水准的演出机构，承担重要艺术创作、研究和教育的公益性任务单位等，在性质上明确确定为公益性文化事业单位，深化公益性文化事业单位内部制度改革，提高文化事业单位效率；二是推进经营性文化事业单位的“转企改制”，通过租赁制、承包制、股份制等方式实现企业化改造，使之成为真正意义上的市场竞争主体；三是加快乡镇文化管理体制改革，激发乡镇综合文化站的生机和活力，特别是明晰乡镇文化站的职能范围及归属管理问题，突出其作为公益性文化机构的职能和责任。

（四）政府与公民：“话语权”与自主参与

民主意味着参与。规范、有序地参与是构建协商型公共服务制度框架的前提和基础。只有公民的普遍参与，才能从根本上保障公民的话语权，使行动各方就公共议题展开平等讨论和磋商，从而在各方利益表达、意见综合的基础上产生可靠的行动方案。公共文化建设，要充分尊重人民群众的参与意愿和利益诉求，正确处理好政府的主导作用和人民群众主体地位的关系，调动人民群众参与到公共文化建设中来，形成公共文化建设的“内源”动力，实现“内”“外”协力。政府在推广“文化下乡”“知识下乡”等流动服务时，应注意根据人民群众的实际需要和反馈意见作出适当调整，实现政府政策推广与人民群众需求的对接和契合。①

当前公共文化重建的一个方向，就是注意唤醒人民群众的主体意识，引导人民群众自主参与到公共文化建设中。公共文化建设应合理协调政府主导与人民群众主位的关系，建立“政府理性引导、公民充分表达”的新模式。针对人民群众参与意识和愿望不强、参与能力和条件不足的现实，在强调建立普遍的参与制度平台、畅通参与渠道的前提下，要特别注意发挥村委会、村民会议、人民群众小组等群众组织在动员群众方面的作用，通过民主恳谈会、意见听取会、村务协商会等形式，不断增强人民群众的参与能力和参与技能。此外，公共文化建设，要充分挖掘蕴藏在民间的传统和力量，策划组织各种自我教育、自我娱乐、自我发展的群众文化活动。

第四节　公共文化治理的保障体系

公共文化服务体系，是公共文化治理的基础性平台和依托。公共文化服务体系，是一个由财政投入与资源供给系统、项目规划与设施布局系统、人力整合与配置保障系统、政策调节与生态优化系统等诸多系统要素耦合构成的整体性框架。② 立足公共文化服务的价值目标和功能设置，公共文化服务体系要重点从资源供给、设施配置、人力保障、生态优化等方面科学建构起基本框架，实现体系的结构优化和功能整合，最大限度地释放其服务功能和社会功能。如此，公共文化治理才可望在稳定、可靠、均衡的体系支撑下达到预期效果。

---

① 吴理财. 当代中国农民文化生活调查 [M]. 北京：知识产权出版社，2011：65.

② 王列生，郭全中，肖庆. 国家公共文化服务体系论 [M]. 北京：文化艺术出版社，2009：26–28.

一、公共文化资源供给体系

公共文化服务体系建设，文化资源供给至关重要。就我国文化建设的现实来看，公共文化资源供给的主体主要包括政府部门、文化事业单位、国有文化企业、民间文化机构和志愿性机构。

政府是公共文化资源当然的供给主体，其功能作用主要体现在四个层面：一是发挥宏观指导功能。公共文化资源供给，要以社会主义核心价值体系为内核，体现健康文化价值导向、保障公民文化权益，形成对公共文化资源的数量、品种、结构的合理布局。二是发挥统筹协调功能。公共文化资源供给应追求区域之间、城乡之间、人群之间的相对均衡，但现实中政府对全社会公共文化资源供给却因体制限制被分割为“块块”，并且出现地区之间、城乡之间发展的不平衡。为此，各级政府必须兼顾区域、城乡、群体等因素，分别在国家、省市、县乡等层面“统筹”公共文化资源相对均衡的生产供给。三是政府履行运行管理职能。政府有必要在微观层面采取资质认定、政府采购、订单管理等必要的组织运行机制，推动公共文化资源生产供给各项具体工作的开展。

我国公共文化资源的主要部分存在于各类公益性文化事业单位。公益性文化事业机构中，图书馆、文化馆等是公共文化资源供给骨干主体，应当在公共文化资源供给中发挥积极作用。现阶段，在我国公共文化资源的供给实践中，图书馆的定位和功能比较明确，通过中心图书馆建设、“总分馆制”、社区参与阅读终端建设，初步形成以基层为重点的资源供给网络；而文化馆的机构定位则相对模糊，功能发挥不足。因此，应发挥文化馆的区域性组织指导功能、面向基层的综合服务功能、集聚和整合使用各种文化资源的功能。此外，政府举办的博物馆、美术馆，政府支持举办的文化宫、青少年宫、科技馆等，也应结合各自特点，确立在资源供给中的定位、功能和服务方式，逐步纳入公共文化资源“政府主导”的基本框架。同时，继续推动公共博物馆、纪念馆和有条件的美术馆、科技馆、文化馆免费开放。积极探索适合基层社会、适应群众需要的公共文化服务方式，有条件的文化事业单位可以尝试通过适度的社会化和市场化，激发文化组织运作活力，提升组织服务能力。当然，这种改革取向应在保持公共文化公益性特征的前提下进行，防止公益性文化机构因“过度市场化”蜕变为营利性或准营利性组织。

坚持以公益性事业单位为主的公共文化资源供给体制安排，并不阻碍社会力量成长为合格的公共文化资源供给主体。近年来，以提供社会文化服务资源为主营业务或专业从事社会文化组织或社区文化服务的社会组织，在一些中心城市迅速成长，如上海市“华爱社区文化服务中心”，已经形成专业化、规模化、连锁化发展的态势。这些组织的发展，对原有公益性文化事业机构形成重要的补充和促进作用。但是总体上看，由于体制关系，目前我国在公共文化领域社会力量的能力和影响力还比较薄弱，因此要对其进行积极引导、培育和扶持。在公共文化建设中，应该将基层群众纳入主流视野、纳入“政府主导”框架，以统筹、协调、共享的方式发挥人民群众“自我管理、自我发展”的功能，以形成不同于“自上而下”的“配给制”文化供给方式。在某种意义上，基层群众文化是公共文化服务规模巨大、富有活力、取之不尽的天然资源库。应加强对民间艺术家、基层文化团体的政策扶持、业务指导、财政补助，支持它们参与购置文化设备、积极创作优秀的文艺作品、筹建文化大院或文化活动室，提高公共文化资源供给效率。注意发挥村民自治组织、社区服务组织、社会志愿组织参与文化资源的动员、聚集和整合，引导驻村单位、民间文艺社团、慈善人士等社会力量参与供给文化资源；打通文化资源供给上的行政封锁和地域壁垒，鼓励相邻的村（社区）共同筹建文化基础设施、购置基本文化设备，实现文化资源的共建共享。

此外，要适当发挥国有文化企业在文化资源供给中的作用。我国的国有文化企业大部分都是由国有经营性文化事业机构转型而来的，这些机构长期承载、集聚了大量公共文化资源，没有这些机构的参与和支持，会削弱全社会公共文化资源的供给能力。实现经营性文化事业单位的转企改制，并不意味着它们丧失原有的社会文化服务功能。用好这些机构所拥有的公共文化服务资源及其生产、供给能力，可以借助公共文化资源供给形成新的需求、新的带动，支持这些机构在改革中找到新定位、发展新领域、拓展新空间、形成新路径；逐步发展、培育和扶持一批以承接政府公共文化服务采购作为自身主要业务的市场化、专业化、主力型机构。在这方面，浙江省以政府采购为主导，成功打造了“钱江浪花”艺术团文化直通车巡演等服务品牌。面向基层的数字电影放映、文化下乡等公益性文化项目也实行政府采购。借鉴各地创新实践经验，政府可以建立公益性文化项目采购制度，通过公开招标、邀请招标、竞争性采购等方式购买一批重点项目，引导国有文化企业参与公共文化资源的供给，探索建立“企业经营、市场运作、政府购买”的公共文化服务运作机制。

二、公共文化设施网络体系

公共文化设施是开展文化活动的物质载体，也是其他文化产品的集聚地，是多种文化服务活动的物质载体和文化服务网络的支撑点。公共文化基础设施覆盖广泛，既有依托图书馆、文化馆、博物馆、群艺馆等文化单位而存在的，也有以开放性的公共文化空间，如文化风情线、文化长廊、文化广场、文化大院等而存在的。公共文化设施的数量、种类、布局，在很大程度上决定着公共文化服务的充实性、丰富性和辐射性。经过多年努力，我国覆盖城乡的公共文化设施体系初步形成，但很多地方有设施但形不成设施网络，“设施孤岛”“排他使用”“公地悲剧”等现象突出。为此，应五级联动，重点推动文化设施网络建设，既要抓好省、市、县（区）、乡（镇）、村五级文化基础设施建设，又要促进各层级、各地域文化设施的合理布局、功能互补、服务共享。

公共文化服务设施网络建设，要按照国家县有两馆（文化馆、图书馆）、乡有一站（文化站）、村有一室（文化室）建设的要求，坚持重心下移、便民实用的原则，重点强化县、乡、村三级文化基础设施和文化活动场地建设，构建覆盖广的公共文化服务网络。在县一级，要加强文化馆、图书馆、博物馆的扩建或修缮，增强“三馆”的服务功能和辐射半径，使其沟通上下、联动城乡；在乡镇一级，要由省级文化主管部门根据一定标准统一规划综合性文化站，由县级政府具体负责设施建设；在村一级，建设较齐备的文化活动场所，把文化活动室、图书室、文化大院、农家书屋建设纳入“村级办公场所建设工程”，配备必要的文化活动器材。同时，通过设施修缮和功能重建，鼓励将闲置校舍、旧礼堂、旧戏台、旧祠堂等改建成村级文化活动场所。需要指出的是，许多地方已经提出了“15 分钟文化圈”“10 里文化圈”一类的构想，旨在突破基层文化设施短缺及“设施孤岛”，消除城乡文化差距和知识鸿沟。此外，要以重点文化惠民工程和文化信息资源共享工程为引擎，完成百部戏曲、千场电影、万册电子图书建设，建成多样化、分布式文化信息资源库，建立覆盖县、乡、村的数字文化资源服务网点。

要科学利用各地特色文化圣地和文化设施，发掘它们的文化服务功能。在甘肃，天水的羲皇故里、静宁成纪文化城、会宁的红军会师塔、灵台的周文化遗存，以及遍布乡间的宗教庙宇、宗族祠堂、地方戏楼等特色文化设施，不仅是公共文化建设的基础和载体，也是各地文化事业发展的传统品牌。对这些具有鲜明地方特色的文化圣地及文化设施的修缮和利用，可以形成地方特色文化优势，塑造地方特色文化品牌。以这些特色文化圣地、文化设施为依托，引导专业文艺团体、民间文艺社团和乡土艺术家，以地方文化特色为题材，创作并提供融艺术性、观赏性和教育性为一体的文艺作品，不仅能满足群众文化需要、陶冶大众文化情操，而且可发挥民族民间文化薪火相传的重要作用。此外，以当地特色文化场所为依托，实现特色文化与基层旅游的整合发展，不仅可以推动文化旅游业态的发展，而且可以带动特色文化的传承创新和公共文化服务的辐射扩散。

在基层文化设施网络建设中，要探索公共文化基础设施运行管理的新机制，制定公共文化设施服务与运作规范，做到管理规范、资源共享、综合利用。同时，要最大限度地变静态服务为动态服务，从体制层面形成促进、激励、保障机制，凝结形成公共文化服务项目和服务方式的参与、互动、协商机制，扩大公共文化服务设施的覆盖面、参与面和受惠面。此外，对电影院、剧院等地方文化设施，在确保其功能不变的前提下，可采取公办民营、联合经营、委托经营等方式，最大限度地发挥现有文化设施和文化资源的使用效果和服务效能。

三、公共文化人才保障体系

公共文化建设，队伍是基础，人才是关键。文化人才保障体系的重要作用在于通过对公益性文化机构工作人员的选聘、培训和任用，对民间文艺人才和志愿者的有效聚集，有效激活公共文化服务体系的功能。完整的人才保障体系，不仅包括参与公共文化事业的各类人才，还包括一套科学合理的人力资源管理制度，这样才能为各类人才的发展创造良好的环境。

公共文化人才队伍的建设，要按照“存量优化、增量优选”的原则，制定基层文化队伍建设规划，切实落实县级图书馆、文化馆、文工团和乡镇文化站等公益性文化事业单位的机构编制、待遇保障等方面的政策措施，建立一支结构合理、规模适中的公共文化服务队伍。这方面要取得实质性突破，需要彻底改革文化系统的人事体制，按照身份平等、利益公正、机会均等、科学规范的制度规则；在编制规模、薪酬管理、技能培训、绩效考评等方面取得实质性突破，推行人力资源的社会化管理、合同制管理和竞争性管理；颠覆传统文化系统存在的机构本位主义、职业官僚主义、身份精英主义；推进人力资源社会化统筹管理，实现文化系统人力资源的角色从机构人、身份人向服务人转变。人力资源管理模式的转型是一个渐变的过程，不可能一蹴而就，现阶段应重点做好以下工作：实施文化站服务人员的从业资格制度，实行动态“岗位管理”，引导文化人才合理配置、有序流动；制定完善的文化服务岗位管理条例，明确岗位责任、考核办法和激励条例，建立基层文化服务人员的福利保障制度；制定文化人才培养规划，提高人员素质、挖掘人才潜能、增强工作能力。

受城乡二元结构的深远影响，文化人力资源的城乡分布呈“倒金字塔结构”，大量的文化精英和公共文化从业者聚集在大中城市，基层公共文化建设面临人才缺失的问题。为此，人力资源的调配应实现重心下移，通过战略引导、政策倾斜、项目规划，使人力资源的主体部分活跃于基层社区和乡镇，建立重心在下的稳态结构。要鼓励文化事业单位改革中分流的工作人员到基层担任文艺辅导员、文化指导员；鼓励高校毕业生从事公共文化服务工作。这方面，可以利用国家“高校毕业生服务计划”，选拔一批优秀的大学毕业生从事文化信息传播、文化活动策划、文艺技能辅导等工作。公共文化建设的推进，既要引导大批文化专门人才深入基层，也要注意“就地取才”，搞好基层文化骨干队伍建设。借鉴福建省的成功经验，由省财政安排专项经费予以支持，采用“县聘、乡管、村用”的管理模式①，建立一支稳定的“村级文化协管员”队伍。文化协管员来自基层，是当地的文化精英和“能人艺士”，他们熟悉当地生活，了解人民群众的文化需求，在整合文化资源、传播先进科技文化、弘扬民间民俗文化等方面发挥着联结上下、搭建平台、营造氛围、组织管理等重要作用，是人民群众自主文化参与的倡导者、引领者和组织者。

公共文化建设中，乡土人才不可或缺。他们不仅通过组建民间文艺社团活跃基层文化生活，而且通过组织文化活动吸引人民群众的参与。政府应当通过政策引导、财政补贴或奖励等方式，扶持民间艺术家和文艺社团的发展壮大，发挥业

---

① 李晓林．福建万名“村级文化协管员”各显神通［N］．中国文化报，2009-11-29（1）．

余演出队、文化中心户、文化大院的作用，使之成为文化的承载者和传播者。在此过程中，要充分发挥离退休文艺工作者、干部和教师在文化建设中的引领作用，聘任他们担任民间文化社团的组织管理者和文艺辅导员。基层政府和公共文化服务机构可以采取“请进来、走出去”的办法，组织高校艺术院校（系）、文化艺术机构等参与到公共文化服务中来，利用它们的有利条件和优势资源，组织艺术家、专家学者、专业文化工作者深入基层，举办业务知识培训、专业技能训练、文艺创作演示等。组织并资助群众文化骨干、文艺爱好者到艺术院校、文艺社团接受系统训练，不断提高基层民间文化队伍的文化知识、专业素养、艺术技能以及文化活动的筹办、组织能力。

志愿者队伍建设是基层公共文化发展可依靠的重要人力资源。文化志愿者是基于某种信念、道义、良知，自觉自愿从事公益性文化活动的人或人群。公共文化建设，应制定出台文化志愿者队伍建设的方针和政策，引导和动员专业文化工作者和社会各界人士参与基层文化建设，形成全社会志愿服务的良好环境。这些文化志愿者，有的是能歌善舞者，有的是能工巧匠，有的是民间技艺传人，有的是文艺管理人才，不可忽视这些“被遗忘”的“元素”在公共文化建设中的重要作用。为此，要在全社会弘扬“奉献、友爱、互助、进步”的志愿者精神，不断提高志愿者队伍的团队凝聚力和社会影响力。同时，政府应积极创造条件，建立志愿者服务机构，通过经常性的教育培训，提高志愿者的知识涵养和服务技能。文化志愿者的教育培训，可采取课堂讲授、座谈交流、作品加工、文艺观摩、田野采风等形式，坚持理论与实践结合，保证培训的导向性和实效性。在此基础上，建立文化志愿者人才库，根据服务活动的需要，合理选配人员，做到“人尽其才”。在公共文化建设中，文化志愿者在信息咨询、公益宣传、义务支教、弱势群体的文化救助等方面发挥着重要作用，丰富文化志愿者的服务内容和形式，聘任他们担任博物馆、美术馆、名胜古迹、主题公园的“宣传员”和“讲解员”；注意发挥志愿者在“文化下乡”“图书下乡”等流动服务项目中的组织协调作用。

四、公共文化的生态体系

文化生态是民族民间文化的历史积淀，是地域人文景观的现实反映，包含着丰富、多样的文化形式。这些文化形式，为人的发展和社会进步提供着深刻的文化意义。公共文化建设，需要自觉维护社会文化生态，保护文化的多样性。

挖掘整理民族民间文化。民族民间文化是对民族文化发展历程的有力见证，它能够反映民族文化的独特风格和特征。在新时代下，如何保护好民族民间文化成为一个重要课题。作为乡土社会历史记忆的重要组成部分，民族民间文化不仅是社会伦理秩序的重要源泉，更是公共文化系统中不可或缺的组成部分。在我国社会主义建设过程中，民族民间文化发挥着积极的作用。然而，随着市场经济理性的张扬，人们的观念、意识和行为逐渐被经济利益所主导，这就导致许多地方的民族民间文化传承面临着无人接班的困境。近年来，“经济搭台、文化唱戏”正在成为地方政府挖掘民族民间文化的措施，而受人民群众自觉参与度较低的影响，民族民间文化逐渐丧失其原有的民间性与文化内涵。

以甘肃为例，裕固族因复杂悠久的历史变迁，其文化记录了古代西部游牧民族和近代西部少数民族的兴衰发展史，叙事长歌《黄黛琛》《萨娜玛珂》《西至哈至》是裕固族的经典作品，是研究裕固文化的“活化石”。东乡族在历史文化变迁中形成了“拜提”这种民歌形式，以叙事长歌形式反映了本民族的文化、历史、宗教渊源。然而，这种民族民间文化形式正随着乡土艺人的相继离世而渐成绝唱。陇东南文化底蕴深厚，存在着众多以古老文化图腾为内涵的民间文化形式，如陇绣丰富多变的图案多与图腾崇拜等有关，剪纸艺术中以鱼、龙、蛇为内容的造型也与彩陶图案“人面鱼”等装饰图形酷似，这些民间文化形式都是宝贵的文化遗产，需要加以整理、发掘和传承。

民族民间文化是一种无法再生的珍贵资源，一旦遭受破坏或失传，将会对文化形态的多样性构成威胁，并破坏地域文化生态的平衡状态。目前，我国正处于社会转型时期，各种矛盾交织在一起，导致大量优秀的传统文化面临着消失殆尽的局面，因此政府必须重视对民族民间文化的抢救与保护工作。具体而言，政府应以公共文化建设为契机，建立涵盖民族文化生态保护区和民族文化艺术之乡的综合性非物质文化遗产资源保护、传承展示、开发利用和保护制度体系，以推动民族民间文化的挖掘、保护和传承。同时，需要发挥乡土艺术家在民族民间文化传承中的作用，通过创作、提供一些高品质寓教于乐的、通俗易懂的文艺作品，动员当地民间文化传人、文化达人、普通人民群众自发参与举办公益文化活动，创造民族民间文化薪火相传的文化环境。

保护和传承民俗文化遗产。历经漫长岁月的沉淀，传统民俗文化在不同地域呈现独具特色的发展特征，不论是文化民俗、节日民俗，还是民间艺术，都是历史沉淀与现代传承完美融合的产物。民俗文化形式多样，有节庆风俗、服饰礼仪、宗教信仰、饮食起居、民间工艺、曲艺杂耍、民俗活动等。以甘肃为例，陇南市大山深处的“白马人”（据考是历史上古老氐族后裔），有着原始古朴的民族文化和独具特色的风俗，面具舞“池哥昼”、火圈舞、敬酒歌、沙嘎帽民间工艺及“白鸡翎”美丽传说等民俗文化流传至今。在陇东地区，香包、剪纸、皮影、道情、民歌、纸织画、麦秸画、灯盏头戏、木偶戏也是独特而灵动的“文化符号”。在定西市，具有地方民族特色的民俗文化形式非常丰富，以二郎山花儿会、岷县巴当舞、通渭小曲戏、洮砚制作技艺等最为著名，记载着当地繁衍进步的历史足迹。然而，市场经济条件下，各地丰富的民俗文化活动受资本逻辑、经济理性的影响，呈现逐渐减少且日渐变味的现象，这对文化生态构成巨大威胁和破坏。面对这样的现状，各地要坚持保护与创新并重，建立民俗文化体系，以此推动公共文化服务与传统民俗文化传承的有机结合向纵深推进。举办民俗文化节是保护传统民俗的有效形式，甘肃庆阳的做法值得借鉴。自 2002 年开始，每年端阳节之际举办的香包民俗文化节，以庆阳地区的传统民俗香包刺绣、剪纸、皮影、道情、民歌等“庆阳五绝”为基础，保护和开发民间民俗文化，不仅带动地方特色文化产业的发展，而且使以香包刺绣为代表的民间民俗文化得以传承。各地传统民俗文化历经多年，有着独具特色的文化元素，需要依托特色文化资源，培育和发展“一县一品”“一乡一品”和“一村一品”特色文化。

塑造公共文化景观与形象。文化景观是文化生态体系的组成部分，鲜活地展现了地域的文化底蕴和文化特色。以甘肃为例，号称兰州“外滩”的滨河路就形象而鲜明地体现了兰州的黄河文化特色，无论是水车园，还是中山桥，抑或平沙落雁，无一不体现了这座黄河唯一穿城而过的省会城市的文化特色。沿着黄河两岸修筑的风情线，形成了一批颇具特色和功能的文化景观，如金城关仿古建筑群、龙源国、黄河母亲雕塑、碑林、水车博览园、湿地公园、百合公园等，不仅提升了金城的文化底蕴，也为人民群众文化休闲提供了公共空间。天水是华夏文明的重要发源地，历史悠久、人文荟萃，境内文化古迹甚多，有新石器时代的文化遗址、天水伏羲庙、麦积山石窟等特色人文景观，有卦台山、大象山、仙人崖等游览胜地，构成公共文化建设的人文禀赋和资源基础。在公共文化服务体系的构建中，要科学决策、统一规划，及时修缮原有的文化景观，规划塑造新的文化景观，使文化景观与文化底蕴相得益彰。此外，要重视地方整体文化形象塑造。在静态层面上，应该有形象鲜明、独特、经典的文化标志；在动态层面上，应该有声名远扬的文艺品牌，有高水平、高品位的艺术展演活动，有群众广泛参与的丰富多彩的大众性文化活动，有发达的文化产业、丰富的文化产品和繁荣规范的文化市场；在人的行为层面上，有普遍存在的社会公德氛围，有崇尚真善美的审美取向和价值取向。在整体文化形象的塑造中，重点是开发具有地域特色的文化品牌，在历史文化资源和现代文化积淀的基础上，构建独具特色的文化长廊。

第六章　公共文化服务与治理中的政府作为

本章主要内容为公共文化服务与治理中的政府作为，论述了政府公共文化服务职能、公共文化服务体系建设中政府主导作用重构、政府公共文化的政策供给和绩效管理以及政府购买公共文化服务探索。

第一节　政府公共文化服务职能

一、概念界定

政府职能或者称政府行政职能是指国家行政机关依法对国家和公共事务进行管理时应承担的职责和所具有的功能。政府公共文化职能，是指政府为满足人民群众日益增长的文化生活需求，依法对公共文化服务所实施的管理。政府通过制定各种方针、政策、法规等，引导各种文化事业健康繁荣发展，是促进社会主义先进文化繁荣大发展，经济与社会协调的重要保证。

汪杰贵认为，政府文化职责具体体现在政府对公共文化三个层面的引导和管理上：第一，政府对物质文化的管理，包括政府对文化事业部门、文化产业部门、文化资源部门、文化行政部门的管理，在市场经济发展的今天，对于文化市场的管理是政府目前的重要任务；第二，政府对制度文化的管理，如文化体制的改革、文化法律法规的颁布和实施；第三，政府对精神文化的管理，即对社会价值观念和文化价值观的培育。如果由于社会转型，传统的社会价值观受到质疑遇到困境时，重建符合时代要求的新的社会价值观将成为政府公共文化服务职能的重要内容之一。

作为公共文化服务的主要提供者，政府的文化服务职责涵盖了宏观、中观和微观三个层面，用以满足人民群众的多元化需求。下面将就这三个层面进行具体阐述。

在宏观层面，政府有责任制定公共文化服务的战略、规划及具体的方针和政策，以确保公共文化服务的有效实施；拟订方案，以促进文化资源的挖掘、技术的升级和智力的开发；建立并完善公共文化服务体系，以促进城乡基本公共文化服务均等化发展。为畅通宏观调控渠道，确保政策操作可行有效，政府应制定与公共文化服务相关的法律法规；确定文化事业和文化产业部门在不同时期的投资规模和方向，以促进其持续发展；推进重点公共文化服务基础设施和文化建设项目的部署，更好地维护国家文化安全。政府应将公共文化服务战略规划作为核心职责，公共文化服务战略规划涵盖战略指导思想、战略目标、战略重点、战略措施及战略阶段等五个方面。制定其他战略要素应以战略指导思想为基础，因为战略指导思想是整个战略规划的核心所在。

在中观层面，政府的主要职责是建立公共文化服务制度框架，以促进公共文化事业发展；同时，确立公共文化服务方针，整合并提供公共文化服务资讯，引导社会力量积极参与公共文化服务体系建设；平衡公共文化产品和服务的供求关系；促进各地区、各部门、各行业之间的公共文化交流，加强彼此之间的互动和协作；完善政府对文化产业的管理，促进我国文化产业发展；确立文化市场的准入、竞争和退出机制，以确保文化企事业部门在公平、公正、公开的环境下展开竞争。

在微观层面，政府的主要职责是确立微观规章制度，允许微观文化主体进行自主经营和管理，但是政府应该对微观文化主体的经营和管理行为进行引导和规范；培养微观公共文化服务队伍，为文化企事业部门提供直接具体的服务、监督和评估；对公共文化服务进行监管，以确保政府公共文化服务的投入与产出比例趋于合理；对政府公共文化服务职能实施绩效评估。

二、服务方向

（一）坚持“以人为本”的文化服务方向

“以人为本”的文化服务内涵主要表现在以下方面：首先是公共性，即文化应该面向广大社会公众提供服务。在兴建文化设施时，政府应考虑不同群体的需求，以实现文化发展具有针对性、实用性和参与性。其次是均等性，这意味着每个公民都有平等的机会去参与文化事务，即所有人都应该平等地享有公共文化服务，包括获得、参与和创造文化。政府必须特别关注那些处于劣势地位的人，保障他们的文化权益。即使是最贫困的人也应该享有最基本的公共文化服务。在提供公共文化服务时，政府需要考虑不同社会群体的文化需求，同时平衡普遍性和特殊性的关系。为了满足不同社会群体的文化需求，政府需要提供多样化的文化发展方案，以便为不同社会群体提供适宜的文化产品和服务。

“以人为本”的价值取向，强调政府公共服务理念应更加关注人类需求，尊重人权，维护人的尊严和实现人的理想，这要求所有的法律、制度、决策、行为和活动，都应考虑人的需求，并以此为出发点和归宿。在注重“以人为本”的文化服务中，政府应该使行政更加公开和透明，以赋予公众更多的资讯获取、选择、表达和监督权。当然，政府也需要确立完善的公共文化利益实现途径，以及平等的文化资源分配方式。

在公共文化服务中，政府应重视“以人为本”这一原则，也就是将人的身心健康和全面发展置于重要位置。同时，为了确保公民享有基本的文化权益，政府需要以公共性和迫切性为发展基础，注重提供基础性的公共文化服务，以满足每个公民的基本文化需求。目前，公共行政的发展趋势是向以服务为导向的转型方向转变。尊重公民的文化权利并将人民放在服务的中心，不仅是政府做好服务工作的核心价值观，也是推进政府公共文化服务职能转变的重要方向。

（二）坚持均等化发展的方向

学界普遍认为，“城乡二元结构”对我国经济社会发展造成了严重影响。在文化资源方面，这种社会结构表现为两种不同的分配机制。几乎所有的城市，其教育和文化设施的经费都来自国家财政投入。但是，与城市相比，国家在乡村教育和文化领域的投入要少得多，乡村的教育和文化设施需要当地政府自己来承担。受经济发展水平的影响，农村地区所拥有的公共文化设施十分欠缺，文化资源也十分匮乏。城市居民和农村居民在文化消费方面存在着数量和结构上的明显差异。

我国因为地广人多，加上自然条件和历史背景的影响，各地区的社会经济状况、文化背景等均存在差异，特别是东部与西部、发达与不发达地区之间呈现明显的文化差异。东部地区因为具备雄厚的实力，而且可用于开展公共文化活动的经费较为宽裕，所以享有先进完善的文化设施，当地民众能够充分享受文化娱乐活动，不受物质条件的限制。而由于西部地区经济发展缓慢，资金较为紧张，因此文化娱乐设施建设较为滞后，难以满足当地民众的日常需求，与东部地区相比在设施规模和数量方面存在明显差距。

三、基本特点

政府公共文化服务是政府为满足公众文化需求而提供的一种公共服务，同时也是推广公共文化的一种重要手段。因此，政府公共文化服务应该兼顾服务性和文化性这两个方面，既要提供优质的公共服务，又要传承和弘扬公共文化。政府公共文化服务的特点表现为具有政治性、公共性、系统性和不断发展的动态性。

首先，政府公共文化服务呈现政治性特点。政府在文化领域的职能分为政府经济职能、政治职能、社会职能和文化职能四个方面。其中，政治职能是最主要的，因为它代表了国家意志和统治阶级的要求。同时，政治性也是为了服务于统治阶级赖以存在的经济基础。此外，在文化职能方面，文化和政治又是密不可分的，即文化、文学和艺术都受到特定阶级和政治路线的影响。

其次，政府公共文化服务呈现公共性特点。所谓“公共性”，是指由政府承担的服务和职能，属于公共服务范畴，旨在为公众提供服务并满足公共需求。创新政府公共文化服务职能，意味着政府采用优化职能分配、改进制度、创新管理方式、提高公务人员素质等措施，以使该职能执行更为科学化、管理更加现代化。如此，可以提高整个社会的公共文化服务质量，保障社会公众有权享受最基本的公共文化服务。

再次，政府公共文化服务呈现系统性特点。系统性，即政府公共文化服务职能，是由包括职责分工明确的组织机构及其工作人员在内共同实施的，这些政府组织体系专门负责处理文化领域事务。政府组织体系在一定的法律法规、章程规定的流程下，有效履行职责和执行任务的过程称为“职能的行使”。外在环境和内在功能会相互作用，进而影响政府组织体系及其活动；政府组织体系及其活动的实施结果，反过来又会影响外在环境。

最后，政府公共文化服务呈现动态性特点。政府公共文化服务职能需要时刻保持动态发展，以适应社会不断变化和发展的需求，不能墨守成规。作为一个不断演变的系统，政府的存在和进步需要得到两方面的支持：一是接收来自各个方面的信息、需求和意见，二是通过自身运作和成果反馈形成自我检查和推进。

四、主要功能

从理论角度而言，政府应该负责公共文化的管理，并调整社会文化生活。政府负责公共文化管理的具体功能包含以下五个方面。

（一）整合功能

具体是指政府通过调动社会各方力量，致力于实现共同追求的目标的能力。为了实现文化功能的整合，政府应将社会追求的共同价值目标，与公众的文化利益有机地结合起来，并确立明确且稳定的目标。因此，这实际上是指政府向立法、行政、司法等政治权力机构授予政治权力。换句话说，政府要想实现文化功能整合，不仅取决于达成的最终结果，还要考虑其在整合过程中所采取的方法和处理方式。

（二）导向功能

政府具备促进公共文化服务深入发展的能力，但前提是要不断创新文化政策。政府会综合国情和现代化目标，制定社会公共文化发展的策略和实施方案。同时，政府也会根据社会的长期、短期等发展规划，制定能够实施的指导方针和政策，以此促进政府公共文化服务能力得到不断发展。

（三）保障功能

保障功能具体是指政府具备维护文化生态健康、有序、安全和稳定的能力。例如，加强保护国家文化自主权和文化安全，积极促进与国际的文化交流，支持国际文化贸易和竞争的繁荣。确保遵守国内公共文化设施建设标准，以满足公众对于文化服务的充分需求。推动文化市场健康发展，落实文化管理和市场监管措施，维护文化市场的正常运转。为保障文化市场的公平竞争，政府通过实施文化法律和规章来监管不同的文化发展主体，纠正违法文化活动并对非法文化行为进行惩罚，以确保文化市场的正常秩序。为维护文化生态及文化财产的完整性。政府会建立一个有效的文化保障体系和制度，以防止任何对文化环境的毒化和对文化资源的破坏行为，包括掠夺式开发和滥用文化资源等行为。

（四）调节功能

为确保符合整个社会的文化需求，以及民族与国家的文化安全的要求，政府会采取多种手段，包括经济、法律和行政手段等，这些手段并不会直接干预文化市场运作，而是对其进行间接调节和干预。经济手段用于调控经济，包括金融、税收、价格、利率和收入分配等方式；法律手段主要是指，政府通过制定文化法律和文化法规来维护国家和公民的文化权利，规范文化市场秩序和竞争程序。文化法律法规被用来完善文化市场宏观调控体系，规范文化主体行为，以及制定竞争程序规则。

（五）资源配置功能

政府可以借助政策手段，推进文化产业的繁荣发展，优化其经济格局和空间布局，提高全民文化素养和水平。政府在分配文化资源时，需要兼顾文化产业的可持续发展情况，对文化产品市场总体供需进行平衡，同时确保文化市场价格的稳定和文化资源的公平分配。除此之外，政府还可以积极参与具有重要文化和经济价值的活动，投资兴建那些社会难以负担，或关系国家文化安全和文化发展的重要文化项目。

五、主要内容

最新形势和任务要求政府建立公共文化服务体系。政府公共文化服务的职能主要涉及八个方面，具体如下。

（一）政府针对公共文化所发挥的指导引导职能

政府将公共文化服务体系的建设列入国家发展战略，并采取宏观政策指导和有效思想引导，以确保公共文化服务的内容健康、方向正确。

（二）政府具有的文化制度供给职能

文化制度供给职能能为公众提供符合自身需求的公共文化产品和公共服务。经过深入的调研和分析，政府制定了一套具有指导性、规范性和可操作性的政策制度。此外，为确保我国公共文化服务的健康、有序、持续发展，政府通过不断完善和调整政策制度，以适应公共文化服务的不断变化。

（三）政府在文化领域的协调与管理职能

即以公共文化服务的全面发展为出发点，建立一个协调有序、充满生机活力的组织保障和管理体系，明确各部门的主要职责，加强与社会各方的协作，协调文化主管部门与其他政府职能部门之间的关系，统筹城乡和区域之间的协调发展，并创新科学合理的公共文化服务体制机制。

（四）政府具有的提供文化服务的职能

为满足人民群众基本文化需求并切实维护公民基本文化权益，政府采取多种措施加大公共文化服务产品的生产和提供，丰富公共文化服务活动的形式和内容，构建充满生机活力的城乡公共文化服务体系。

（五）政府在整合文化资源方面发挥的职能

在整合文化资源方面发挥的职能具体表现为：加大政府公共文化产品生产、供给和管理的改革创新力度，以满足公共文化服务发展的需求为导向，跨越行政区域的边界，识别和选择不同来源、层次、内容和结构的资源，实现跨地域、跨城乡、跨行业的资源配置，推动公共文化服务方式的转型和优化。

（六）政府在培养文化人才方面发挥的职能

为推动公共文化服务人才的专业化和职业化建设，政府制定了文化人才培养、引进、使用、奖励等相关政策，并采取组织师资、编写教材、财政专项资金支持等措施，从而构建一支庞大的公共文化服务人才队伍。

（七）政府具有的文化战略研究职能

中央和地方政府应当紧跟世界各国文化交流合作的趋势，深刻理解信息时代区域文化发展的特点，加强对公共文化服务的决策、政策、管理和实践等方面的研究，为公共文化服务提供科学的理论指导和明确的实践指导。

（八）政府文化评价考核职能

研究制定公共文化服务建设的绩效考核、评价指标、反馈机制、考核办法、奖励条例等，把公共文化服务建设纳入政府年度目标考核范围。

第二节　公共文化服务体系建设中政府主导作用重构

政府公共文化服务主导作用具有意识形态前置主导方向，承担着为人民提供公共文化产品的重要职责，并要努力实现公共文化的均等化。因此，解决政府在发挥公共文化服务体系主导作用中存在的问题，是建设一个更完备的公共文化服务体系的关键。

重构我国公共文化服务体系的政府主导作用，政府应找准下列关键点和着力点。

一、重构政府主导作用的关键点

我国政府的职能转变大致经历了强调政治职能，到以经济职能为重心再到向社会职能转移的大转折，处理好政治职能、经济职能、社会职能三者之间的权重和比例关系对于我国政府来说仍是一个重大的挑战。因此，我们在重构公共文化服务体系建设中政府主导作用的时候要注意以下三个关键点。

（一）政府应从“划桨者”转变为“掌舵者”

据世界银行发展报告分析，各国政府的角色正在发生变化，有效的政府在提供产品和服务、规划和管理机构等方面起着关键作用。这些服务和管理有助于市场发展，并使人民生活更健康、更幸福。经济和社会的可持续发展，都需要有效的政府来支持和实现。

政府在公共服务中占据核心地位，政府要想更好地履行其职责，就应该把重点放在对于推动发展至关重要的核心公共事务上，有效地提升政府运转效率。如果试图用很少的资源和能力去做太多的事情，只会导致政府的作用与其能力不相符。确立法律基石应是政府推进公共文化服务体系建设的基本使命。此外，保持政策环境的稳定；确保宏观经济的平稳增长；进行资本投资和提供关键的社会服务及基础设施建设；确保弱势群体的合法权益得到保障；保持自然生态系统的稳定，都应该成为政府推进公共文化服务体系建设的重要使命。

政府通过提供公共产品和服务来弥补市场无法提供的缺陷。政府的职责是满足市场的需求，补充市场所缺乏的资源和服务。如果市场需要公共产品，政府就应当向市场提供这些公共产品，以满足公众的需求。因此，政府的职责不仅限于“拾遗补阙”，而是应当更全面地提供市场所需要的各种服务。政府的作用是对市场进行补充和支持，它是市场机制的辅助手段，但不能替代市场。因此，我们可以得出结论，西方发达国家在私人产品领域和部分混合公共产品领域仍然强调市场机制，政府只在市场失灵时介入以弥补不足。只有在市场机制出现问题时，政府才会发挥作用，否则就不会主动干预。

政府在公共文化服务体系中的角色正在发生变化，即更多的是担任“掌舵者”而不是“划桨者”。也就是说，政府主要负责决策、指挥、控制和监督各项公共服务，而不是直接生产或创造这些服务。具体而言，政府是通过安排预算、政策或合同等措施，来引导公益性文化单位、非营利机构或私人企业提供公共文化产品和服务，进而实现政府的公共文化服务职能与执行职能的适度分离。公共服务既可以通过以政府和私人企业共同实现的公私合作方式提供，也可以通过改变公共服务提供的激励机制，如政府提供财政补贴或减税等措施，或采用通用合同的形式提供，以提高公共服务和效率。

（二）既要定“宏观政策”，也要推“微观运行”

中央政府要以战略的眼光认真研究公共文化服务体系的发展方向，积极促进社会主义文化的全面发展。政府在实施宏观政策时，同样需要兼顾微观层面的因素，建立高效的公共文化产品生产和服务机制。要提升微观经济活力，就需要促进市场主体的发展。文化产业的核心在于具有自主性的市场主体，这些主体是文化市场繁荣的微观基石。

目前，推进文化市场主体的培育主要采用三种方法。首先，积极促进国有公益性文化事业单位建立现代企业制度，以培育一批拥有实力、富有创新和竞争力的大型文化企业和企业集团，使其成为提供公共文化产品和服务的重要角色。其次，政府应当积极推进社会文化领域的所有制结构调整，以公有制为主体，同时鼓励非公有制资本以多种形式进入政策允许的文化产业领域。政府还应当重视保护、促进和引导大型民营企业进入文化市场投资，同时培育一批实力雄厚的民营文化企业，逐渐建立起以公有制为主体、多种所有制共同发展的文化产业格局。最后，政府应着重推动外向型文化产业的发展，积极开展面向全球的“走出去”

计划。为实现对外文化合作交流的战略目标，政府应尝试创新对外文化合作交流模式和体制机制，并促进政府引领和企业市场化运作的相互协调。这样一来，政府就能培养一批在国际市场上具有竞争力的文化企业。

此外，为了增强宏观调控和微观运行的发展活力，政府必须对公益性文化机构进行改革。公益性文化机构有责任向社会提供公共文化产品和服务。为了改善公共文化服务水平，国家需要增加对这些机构的投资，增强它们的活力。同时，还需要加大劳动、收入分配和社会保障制度改革的力度。为了支持经济、社会和文化的发展，政府需要综合考虑公共文化机构的规模、布局和种类，逐步建立完善的公共文化服务网络，使其结构最佳、发展平衡、运营高效、服务周到。

政府应该积极地增加对公益性文化事业单位的支持力度，加大经费投入，并根据公众需求逐步增加资金投入。但是，这些资金应该集中用于加强公共文化基础设施建设，以推进公共文化事业的发展，而不是应用于个人生活补贴。同时，政府应该注重调整优化公益性文化事业单位用人机制，实现由国家用人机制向单位用人机制的转变。此外，政府应该改革分配机制，推行效率工资制度，根据职位确定薪酬，按任务完成情况和工作业绩确定薪酬。改善管理机制，将行政和政务分开，文化行政专责机构的职责包括规划、指导、协调、监督、检查和评估公共文化事业单位的运作和发展。政府可以通过采购等方式来支持重大文化公益活动，以提高公共文化服务的质量和效率。

（三）处理好文化产品“社会效益”和“经济效益”关系

公共文化服务体系提供的是文化产品中具有公益性的公共文化产品部分，但是由于现代政府不能依靠自己去生产公共文化产品，而必须依靠公益性文化单位或者文化企业或者其他机构等去生产公共文化产品，因此坚持文化产品把社会效益放在首位十分重要。

在社会主义市场经济体系下，文化产品既具备塑造公众意识和引领社会发展的意识形态属性，又具备作为商品进行交换，获取经济利益、实现再生产的属性。文化产品的特殊之处在于其拥有的意识形态属性，而其普遍之处则在于所具有的商品属性。

相较于一般产品，文化产品不仅具有实际的使用价值和功能，而且还具有独特的思想和精神内涵，这是文化产品意识形态特殊性的体现。文化产品的思想和精神内涵，能够深刻地影响人的思想和心理，对人的价值观和行为准则产生直接或间接的作用，并产生长远的影响。物质产品具有鲜明的使用周期属性，而精神产品则能被人持续使用。优秀的文化产品，即使是以物质形态的形式而消失，但其中包含的精神价值和思想观念将会永存，对未来几代甚至几十代人产生深远影响。因此，政府必须充分理解文化产品的意识形态特殊性，不能轻易地将其看作一般的物质产品。

文化产品具有商品属性，其核心在于必须进入市场交换，才能为更多的人所购买和享受。文化产品必须紧密结合市场中的生产、流通和消费环节，并且在这个过程中进行平等的交换。文化企业只有确保实现其经济价值，同时以盈利为目标，才能持续生产并扩大再生产。这是文化产品普遍具有的商品属性。

政府需要谨慎处理文化产品所具备的这两个属性之间的关系，以实现正确的平衡。首先，由文化产品的两个属性带来的两种效益（社会效益和经济效益），本质是相同的，是可以紧密结合的。这是因为，在社会主义市场经济的背景下，文化产品的社会效益和经济效益最终都取决于购买者数量。随着购买者数量的增加，受教育的范围就会扩大，经济效益和社会效益也会得到更广泛的体现。因此，社会效益和经济效益的最终目的相同。其次，提供经济效益其实也是在创造社会效益。政府在追求文化产品社会效益的同时，也可以同样注重其经济效益，这两个方面并不是相互排斥的。最后，文化产品的社会效益和经济效益是相互促进的，两者缺一不可。社会效益实现的最终手段是经济效益，而经济效益的保障则在于社会效益。

在社会主义市场经济体制下，文化产品的社会效益与经济效益之间并非总是和谐共处的。因此，政府必须时刻牢记，无论何时何地，都必须把社会效益摆放在最为重要的位置上。造成社会效益与经济效益之间冲突的原因有三个方面：其一，有学者认为市场中的文化产品应遵循市场经济规律，即以经济效益为重要目标；而另一些学者则认为对文化产品的评价应该重点考虑其社会效益，而非经济效益；其二，有学者认为在缺乏有效管理的情况下，有些人只注重经济效益而忽视社会效益；其三，因为制度机制的限制，一些人没有充分考虑文化产品的经济效益，导致文化产品无法充分表现出其在社会效益和经济效益方面所具备的价值。

为了充分体现文化产品的价值，政府应该对文化产品的创造和生产进行引导，使文化产品的创作者、生产者和传播者都更加深入地认识到，文化产品不能只体现经济效益属性，还要体现社会效益属性。需要特别注意的是，无论是以何种形式或载体呈现的文化产品，其实质并没有发生改变，其所承载的文化精髓，即文化的灵魂，是恒久不变的，也是文化产品所赖以存在的根本。因此，无论何时何地，文化产品都应将社会效益置于最重要的位置，即当经济效益同社会效益发生冲突时，经济效益必须服从社会效益。

此外，要鼓励文化产品创作生产传播者在讲求社会效益的前提下，努力追求经济效益，实现两个效益的有机统一。市场经济的一个基本要求，就是一切生产经营活动必须讲求经济效益，没有经济效益，文化企业就无法实现生产和扩大再生产。要鼓励文化产品创作者、生产者和传播者在自觉把社会效益放在首位的同时，准确把握群众需要，把面向群众、面向基层、面向农村与面向市场统一起来，在占领市场的过程中更好地服务群众，在服务群众的过程中更多地赢得市场，实现社会效益和经济效益最大化。

二、重构政府主导作用的着力点

基于我国公共文化服务体系目前存在的实际问题，从本书前面对公共文化服务体系的理论研究，以及对国内外政府管理经验研究中可以发现，要重构或者说要完善一国政府对公共文化的管理，主要应从三个着力点或者重点方面进行制度和机制建设、改革和创新，这三个方面的成败决定了提高政府公共文化主导作用水平的成败。一是完善法律法规，合理分配政府的文化管理职能；二是完善公共文化财政投入机制；三是从提高公共文化供给水平入手。第一点从政府作为公共文化管理者的角度考虑，最后一点是从政府作为公共文化供给者的角度考虑，第二点则与政府履行公共文化的管理者和供给者职责都有关系。

（一）完善公共文化法律法规及确定各级政府职责

1. 建立和完善公共文化服务的法律体系

实践证明，我国政府要想实现新时期公共文化建设的目标，就必须破除以往存在于公共文化建设和管理方面的任意性和人为性现象，着力改变当前公共文化设施入不敷出、社会服务功能日益丧失的现状，严格落实党和国家制定的一系列行之有效的政策、措施，并使之制度化和法治化。而这些又都必须以建立健全相关法律制度为关键保障，从而更好地维护和稳定社会秩序。从某种意义上说，没有法律的支撑和保障，任何一项改革都难以顺利推进，这是我国公共文化建设迈向有序化、规范化和法治化的必经之路，同时也是我国社会主义法律体系进一步完善的必然产物。

在公共文化的发展和建设方面，许多国家已经采取了法律手段，以确保其合法性和规范性。这些国家的文化法治建设大致经历了三个阶段，即起步时期、稳定发展期以及全面繁荣期。在制定文化事业方面的基本法时，存在着两种主要的立法模式：一种是制定与文化事业相关的法律法规或行政法规；另一种是制定专门针对公共文化机构的法律，如图书馆法、博物馆法等，以确保其合法性和规范性。

目前，我国针对公共文化事业颁布实施的法律法规和规章，主要包含三类。第一类，由国家制定的相关法规。例如，在早些年实施的《公共文化体育设施条例》中就有明确规定，即各级人民政府所举办的公共文化体育活动，涉及设施建设、维修和管理所需的资金，应当被纳入本级人民政府的基本建设投资计划和财政预算之中；该条例指出，社会组织或个人可以通过自愿捐赠等方式，建立公共文化体育设施社会基金；此外，该条例还对公共文化体育设施的规划、建设、使用、服务、管理和保护等进行了明确规定。第二类，由地方立法机关制定的相关地方性法规。例如，北京市博物馆条例、北京市图书馆条例以及广东省文化设施条例等法规。这类法律规范主要涉及公共文化服务体系建设的内容，是我国目前较为全面系统的公共文化设施条例。第三类，由中央有关部门制定的政策和部门规章。这三类法律法规和规章，是我国公共文化体系得以建设和发展的重要保障。然而，就整体而言，我国仍未形成一个成熟、完备、法律效力显著的公共文化法律制度，公共文化体系的立法层次较低。

在借鉴国际社会先进经验的情况下，我国在公共文化立法方面可以探索两种不同的思路。

一是针对文化事业和文化产业的独特特征，制定相关基本法，并研究制定涵盖公共文化方面的基础性法律，这是从国家意志层面来实施党和国家有关公共文化服务体系建设的政策，可以有效保障公民的文化权益，同时明确政府的职责和公共财政的作用，确立公益性文化机构的法律地位和权利义务。政府可以将《中华人民共和国宪法》《中华人民共和国立法法》等规范性文件作为重要支撑，其他相关专门法律法规的制定则依据基础性法律的具体规定。目前，有关公共文化的立法需要政府花费更多的时间和精力，在制定基本政策的基础上进行深入研究，以逐步形成完善的法律体系。

二是研究制定针对公共文化服务的专业法规，包括但不限于公共图书馆法、博物馆法、公共文化设施法、艺术表演团体管理法案以及公共文化基金法。制定具有专门性质的法律是着力满足公共文化立法需求的有效途径。从我国现有的相关法律来看，关于文化领域特别是文化产业的专门法律法规，仍存在有待改进和借鉴之处。例如在公共图书馆法方面，相较于其他专业法律，其实践经验更为可供借鉴。我国政府应将公共文化服务立法作为文化立法的重要任务。尽管2015年时文化部启动了图书馆法的起草工作，但在公共图书馆的设立与设施标准、经费投入、文献信息资源共建共享与现代化建设、公共图书馆队伍建设与服务准则，以及读者权益保障等方面，仍存在一些争议和分歧。这些都有待于进一步研究探讨，以推动我国文化事业的发展。

2. 合理分配公共文化服务体系中各级政府职责

建立健全公共文化服务体系，仍是一项涉及多方面的综合性工程，这需要通过建立跨部门、跨层级的协作机制，即实现政府间的协同合作来完成。根据公共文化服务的属性，政府应当合理划分中央和地方的职责，以确保公共文化服务能够有效实施。对于基层公共文化服务体系建设，政府应该坚持因地制宜原则，建立分级保障体制，完善投入机制。中央政府应当自觉肩负面向全国供给文化服务的重担，推出更多具有公益性的公共文化服务，以实现城乡和区域基本公共文化服务的均等化，积极主动落实再分配职能。省级政府在全国公共文化服务体系建设中发挥着“龙头”作用，其提供的公共文化服务具有较强的示范效应和辐射能力。地方政府在提供公共文化服务时，应特别关注辖区公众的实际需求，以提高公共文化服务的供给效率。对于社会组织提供的公益性服务项目，政府要鼓励其发挥主体作用，并建立激励约束机制。对于公共服务事项中涉及中央和地方共同承担的责任，必须确立明确的责任分工体系。

当前，我国各级政府在建立公共文化服务体系过程中，仍普遍存在责任不明确的问题。因此，各级政府必须明确各方的职责。此外，在现行体制下，中央和地方之间的事权划分过于原则化，没有体现出各自不同的利益诉求。要想解决该问题，中央政府就应该垂直管理中央职权范围内的事项，而地方政府则应统一管理地方职权范围内的事项，从而逐步改变双重管理的做法，以避免责任不明确的情况再次出现。

公共文化服务的发展受到各级政府权力级别和管辖范围的影响，而各级政府在发挥职能作用方面又呈现多样性特征。目前，我国县级以上地方各级政府都有自己的职能定位和工作重心，但其对公共文化事业的投入力度不一，由此产生基层公共文化设施布局不合理等问题。因此，明确中央、省、市、县、乡五级政府和村（社区）基层组织的主体职责，有助于实现上下协调发展，合力推进全国公共文化服务体系建设。

在构建公共文化服务体系的过程中，中央人民政府担负着引领方向的重要职责。中央对各级政府实施宏观调控是一个系统工程，既需要发挥市场配置资源和社会力量参与公共文化事业发展的积极作用，也需要加强宏观管理和政策引导。具体而言，中央政府要担负制定全国公共文化服务方针政策、发展战略、法律制度等重任，做好全国性的重大公共文化设施建设及文化活动的财政投入工作，从宏观层面把握公共文化服务发展方向，推进社会主义文化大发展、大繁荣。

在政策制定过程中，省（区、市）级政府扮演着主导角色，以指导为核心，发挥着主导推进的作用。省级政府在全省范围内统筹协调本地区的公共文化服务体系建设。为促进本省（区、市）公共文化服务的发展，省（区、市）级政府需要制定相应的政策和措施。

市（州）级政府在规划中扮演着主导角色，其职责在于协调各方面资源。为了实现本市（州）公共文化服务事业的长远发展目标，市（州）级政府需要进行科学的布局和合理的规划，以解决城乡和区域之间公共文化服务发展的不平衡和不均等问题。

投资主体为区（市）县级政府，其主要职责在于管理事务。在遵循上级方针政策和发展规划的前提下，区（市）县级政府应拟订具体可行的投资管理方案。此外，根据国家政策规定和当地经济发展需要，区（市）县级政府应确定建设项目的投资规模和方向。所属项目的投资安排、项目管理、资金使用以及实施效果，均由区（市）县级政府全权负责。在当地政府的领导下，文化部门作为牵头单位，应积极与相关部门进行沟通协调，加强对项目建设的监督、检查和管理，全面完成立项、选址、设计等工作，严格按照计划有序组织实施，尽快启动建设，以确保工程质量。

乡镇（街道）级政府在实施过程中扮演着主导角色，以推进建设为核心。要实现这一目标，必须充分发挥各级党政组织和广大干部群众在基层公共文化服务中的主体作用。在上级部署的指引下，乡镇（街道）级政府应严格遵循计划，全力以赴地推进公共文化服务建设工作，如加强基层基础文化设施和农村综合文化站建设。此外，为满足广大基层人民群众的基本文化需求，乡镇（街道）级政府需要统筹规划乡镇文化建设，不断提高文化建设的水平。

尽管社区（村）并非属于一级政府，但其作为公共文化服务的主体，同样要求以提供便民服务为主要目标。为了体现便民性，社区（村）居委会需要在一定的空间范围内设置公共文化活动场所，以便于群众能够就近参与。社区（村）作为开展公共文化服务的重要“推手”，只有在日常的基层文化活动得到充分开展的情况下，全国公共文化服务才能呈现繁荣发展的局面。因此，社区（村）居委会应着力加强社区（村）的基层文化阵地建设，更好地为广大基层民众提供便捷、健康、丰富的文化服务，真正推动我国公共文化服务体系的创新与发展。

这六个方面相互交织，是一个有机的整体。通过层层推进的方式，各级地方政府逐步建立起了以中央政策为导向的基层群众参与机制。具体来看，在宏观层面上，中央人民政府明确了方针政策，省级政府制定了政策措施，而地、市、州级政府则根据这些方针政策进行了整体规划统筹，并将其落实到区（市）县级政府，由其负责实施投资管理，随后再由乡镇（街道）级政府承担实施主体责任，最终实现了社区（村）基层组织的公共文化服务和“文化惠民”目标。在这个过程中，下级基层组织和政府不断地向上级政府汇报公共文化建设的进展情况，以便进行全面的协调和管理。

（二）完善政府对公共文化服务体系公共财政投入机制

1. 建立公共文化服务体系财政投入的长效增长机制

我国财政投入对公共文化服务体系的构建非常重要，但目前我国公共文化服务体系财政投入规模是不足的。纵向上，文化事业经费占全国财政支出比重偏低，维持在0.4%左右的低水平，并且多年来一直维持在一定水平没有增长；横向上，与教育、卫生、科技事业费相比，文化事业费占全国财政支出的比重也较低。与目前国际上中等发达程度以上国家的文化财政支出占财政总支出的1%相比，我国公共文化服务的投入水平还存在较大差距。所以，可以参考俄罗斯制定国家文化法，用法律形式保证对文化的预算投入不低于全国财政支出的1%。

目前公共文化服务的财政投入没有较高层次的法律文件规定明确的量化指标，由此弱化了各级财政以及社会各界对公共文化服务投入的法律约束力，从而经常会出现重经济建设，轻文化建设，重教育、卫生投资，轻文化投资的现象。应以立法层次较高的法律形式确定各级预算公共文化服务财政投入增长率与国家GDP（国内生产总值）增长率相联系、各级预算公共文化服务财政投入占同级财政支出的比重、中央与地方政府财政投资在公共文化服务总投入中的比重等。

2. 优化公共文化服务体系财政投入结构

首先，需要对中央和地方财政的投入结构进行优化。在我国财政体制中，高层级政府的财政收入占主导地位，而低层级政府则承担着支出责任。对此，应该重新确立我国公共文化服务体系建设中政府间财权和事权的关系，并明确各级政府的支出责任，以充分激发中央和地方的积极性。针对公共文化服务基础设施网络建设，包括公共图书馆、博物馆、广播电视网络、文化信息资源网络等，由于其具有基础性、普遍性和易于量化的特征，中央财政应作为主要投入来源，地方财政则应提供协助；公共文化产品和服务的提供呈现明显的多样性和地域性特征，包括但不限于文化人才培养、城市社区公共性文化活动、农村节庆文化活动以及农村戏曲班社等，因此应以地方财政投入为主，而中央财政则应给予补助或奖励。

其次，优化地区支出结构。财政投入的东西部区域结构失衡问题严重。长期以来，落后地区和发达地区公共文化事业水平有明显差距，东中部地区的文化财政投入远高于西部地区。调整优化地区文化支出结构差异在纵向转移支付上，中央财政收入每年的增量，应当主要用于转移支付，重点确保中西部地区和农村地区公共产品供给的必要经费；在横向转移支付上，应该规范东部地区对西部地区的对口支援，促其制度化。此外，可以建立各级政府财政支出测算体系。采取因素法确定上级政府转移支付规模，将农村人口、人口密度、财政状况、财政努力程度等客观因素作为转移支付测算依据，重点向中西部贫困地区倾斜。也可以增加财力性转移支付和先进地区以奖代补测算透明度和预见性，调动下级政府对农村公共文化投入的积极性，提高下级政府统筹安排资金能力。

最后，优化城乡支出结构。长期存在的二元经济体制使我国农村地区的经济严重落后于城市，公共服务投入从经费的基数及增长速度看，都远远低于财政对城市的公共文化投入力度。国家财政对农村文化建设占全国财政文化总投入比重仅为28.5％；全国每个农民每年只能享受国家财政1.48元的文化投入，而全国人均文化事业费却为11.91元。各级政府必须科学规划，按照统筹城乡文化发展的要求，以基本公共文化服务均等化为目标，规范转移支付，优化资源配置，形成向农村、基层、困难群众倾斜的公共文化服务体系。同时，应该加大对农村地区的财政投入，利用补贴等措施引导社会资金投入公共文化。

3. 提高公共文化服务体系财政投入效率

当前，我国公共文化服务体系存在资金使用不合理等问题。从资金使用内容来看，文化专兼职人员的工资及其他维持性开支所占比例较高，文化主管部门常常将财政资金用于其所主管的事业单位及机构，而用于公共文化服务的发展经费却严重不足，从而导致文化事业财政资金总体使用效率较低，财政资金投入方式需要进一步优化。具体而言，政府要逐步缩小固定投入比例，加大动态投入比例，财政补助由以一般文化事业单位及其从业人员为主逐步转向主要依靠项目投入，努力提高资金使用效率，并逐步建立健全政府采购制度、国家有特殊要求并重点扶持的文化活动和文化设施建设，以及科研课题招投标制度、中介评估制度等。

用于扶持公共文化事业中文化项目的财政资金，同样缺乏综合管理与监控，以及缺少必要的项目评价机制，经费平均化配置倾向严重，经费使用效率不高。因此，政府要加大公共文化基础设施项目建设力度，选择项目时坚持以群众欢迎、需求大的项目为首选对象。城市方面以增加图书馆、博物馆和文化馆投资为主，增加社区文化设施建设；农村方面增加广播电视村村通工程，乡镇综合文化站建设，农村电影放映和农家书屋建设投资；改变“强调硬件建设而忽视软件服务”的现状，在重视硬件建设的基础上，不断增加软件服务投资。

4. 建立基层政府文化财政“四权分离”的内在约束机制

基层乡镇级政府是公共文化服务体系的实施主体，以建设为主。在我国目前的公共文化管理框架下，由于管理链条长、环节多，信息收集成本高、评价困难等，上级政府对基层公共文化的管理仍然只能停留在“粗放型管理”阶段，无法形成长效的约束力。

深化基层文化体制改革，需要通过制度创新，强化内在约束机制，以克服外在评价的技术性难题。具体而言，政府应在基层文化财政管理领域导入“四权分离”内在约束机制，即由县（市）财政部门统筹经费，赋予其最终审核权；由乡镇政府组织文化活动，赋予其项目经费确认权；由县级文化行政部门指导业务，赋予其项目经费使用权；由基层文化单位开展文化活动，赋予其项目经费收益权。这就使各方面之间既有制衡也有协调，由此形成一种内在约束机制。

同时，省级财政、文化主管部门应加强对预算经费的管理，并建立和完善有关奖惩制度。对于经过批准的基层文化机构财政补助资金，必须严格按照规定用途使用，切实增强资金使用效益。公益性文化单位获得的经营收入及其他创收，应一律列入预算管理统一核算。省、市级和县级财政文化部门应联合对基层文化机构收入和项目收入进行核查，对于弄虚作假等行为，一经查实，对机构主要负责人和当事人进行通报批评，并加倍扣减有关收入奖励经费和项目补贴。对违反财政财务制度有关规定的，依据有关规定予以查处。

5. 建立公共文化基层财政支出的第三方评价机制

尽管中央及省级政府对基层公共文化建设高度重视，不断加大投入，但由于缺乏必要的约束机制和问责机制，或者基层公益性文化单位的公共经费得不到保障，或者一些基层文化单位只管“花钱”，不问效果，致使公共资源的效率得不到应有的保障。针对此类问题，政府应建立和完善责任评价与约束机制，构建公共文化财政支出第三方评价机制，发挥第三方具有的独立性、专业性、公信性和客观性等特征，突破原有多种评价方式的限制，形成制度外部第三方评价与约束力量。

在公共文化服务领域探索建立第三方评价机制。由政府牵头，合理选择高校、科研机构等非营利性组织，使其成为评价机构（即客观中立的第三方），用以科学评价基层文化机构财政经费收支和使用状况，以及基层文化机构的公共服务水平；同时，构建一套主要用于定量评估并具有可操作性的评价指标体系，从而推动政府财政拨款更加科学化、合理化和规范化，推动基层文化机构公共服务水平再上新台阶。

（三）提高政府公共文化服务的供给水平

政府是公共文化服务体系供给的主体，其还是文化服务的主导力量。实际上，政府之所以能够承担公共产品供给的职责，是因为公共产品具有的本质特征，即非排他性、非竞争性和外部经济性。文化服务大多是呈现公益性文化服务的特征，文化服务的经济效益很难在一段时间内表现出来，这就造成难以吸引较多的社会力量参与其中，缺乏明显的积极性。但是不难看出的是，公共文化产品通常能够增进社会福利，这一点在农村地区表现得尤为明显，因为农村地区的市场机制与社会组织都存在发展水平低下的现象。基于此，政府有必要提供社会所需的公共文化产品。以政府主导模式为依托，政府可根据公共财政状况及社会实际需求，确定公共文化产品供给的类型、规模与结构。由政府直接生产或间接参与供给的公共文化服务，即通常意义上的政府直接供给和政府间接供给。

所谓政府直接供给，是指政府部门直接提供公共文化产品，或者由国有文化事业单位自行供给。政府直接供给的公共文化产品，以基础性或普惠性公共文化产品为主，常见的如乡镇文化站、博物馆、广播电视等。政府直接供给，要求政府应投入与此相关的建设经费，以及事业发展所必需的经费，从而确保该类文化事业单位在设施、资源以及人员编制等方面得到保障。

政府间接供给，即政府利用预算安排、政策安排等形式，把公共文化服务委托给政府外的机构或组织，由其负责参与公共文化产品供给。实施政府间接供给公共文化服务，应以公共文化服务决策能与直接生产相分离为前提，从而使公共文化服务决策制定和直接生产建立委托代理关系。部分学者认为，若政府不再发挥直接生产公共文化服务的功能，则意味着政府也就不再是公共文化服务的直接提供者。其实，这是传统文化建设中常见的一个误区。事实上，政府在决定安排公共文化服务时，并非一定要直接生产公共文化产品，政府完全可以将生产公共文化产品的任务交由其他社会组织，或非政府组织乃至私营部门负责。

为提高政府公共文化服务的供给水平，可采取以下措施。

1. 建立“政府供给 + 社会供给 + 政府引导”的公共文化服务

结合我国的国情及现状，建立“政府供给 + 社会供给 + 政府引导”的“双轨制”公共文化服务供给体系，对于我国公共文化服务事业的发展具有重要意义。当前，我国政府有必要厘清公共文化服务各领域中政府供给与社会供给的职责界限。政府应是公共文化服务的供给主体，政府要具备充分动员社会与市场力量共同参与公共文化服务的能力，着力构建多元化的公共文化服务供给模式。

（1）政府应保障基本公共文化服务供给

政府对公共文化服务的财政投入，应主要用于满足公众的基本文化权益，更好地服务于民众的根本文化需求。在资金分配方面，政府应根据“财权事权对称”这一原则，将支出重点向农村及中西部地区倾斜，对资金落后地区优先予以保障，努力完善贫困地区的公共文化服务网络；同时，在项目选择方面，政府应坚持将群众受欢迎、中央与地方需求大的项目作为首选对象，以保障人民群众的文化权利，提高人民群众的文化素养，着力构建以爱国主义为核心的社会主义价值体系。近年来，中央政府通过采取财政转移支付或专项补贴等方式，用以缩小乃至平衡区域间公共文化服务水平与质量的差距，实现基本公共文化服务的均等化。对于政府而言，其要以立法维护公民的文化权益，就应依法落实公民的宪法权利，确立公共文化服务供给标准、扩大公共文化服务供给覆盖面。此外，要以立法保障政府实行公共文化供给的职责，确保政府实行公共文化供给的职责不因政府领导的私人意志而改变，不因人民群众是否关注而弱化。

（2）发展文化产业促进公共文化的“社会供给”

政府除了着力构建公共文化服务体系外，还应为促进文化产品繁荣发展创造有利条件。大力发展公共文化，必须以繁荣的文化市场和发达的文化产业为根基。当文化产业难以获得发展时，单方面借助公共服务的力量，是无法实现公共文化的繁荣兴盛的。“市场化”是构建公共文化服务体系和大力发展文化产业的“利器”，文化产业越是呈良好发展态势，文化产品越是丰富和廉价，社会公众所能享受到的服务也会越多。

历史实践表明，我国公共文化服务正在从政府独办向社会力量参与转变，即以“社会供给”为主要模式的公共文化服务，已成为一种不可逆转的潮流。在新兴文化产业蓬勃发展、各项社会改革不断深化的今天，这一趋势会越来越明朗、越来越清晰。

在市场经济体制下，公共文化服务的供给要与市场经济体制的要求相适应，与发展文化产业的规律相适应。就几十年来的公共文化服务建设来看，基层文化站的几起几落，县区文化馆、图书馆功能的弱化，也说明了文化服务远离需求和市场就会被边缘化。

文化产业并不是和社会事业、公共服务、政府需求等相对立的概念。在良好的制度安排、健康的市场环境和有效的市场监管条件下，文化产业发展完全可以将上述功能和目标融合起来，实现和谐发展。在计划经济条件下，文化完全是政府行政职能的延伸。但在市场经济条件下，作为一个整体，文化的运行具有明显的投入产出关系，具有现代化大生产的高投入、批量生产和高技术的经济特征，具有参与到市场经济体系创造效益、谋求发展的巨大潜力，是国民经济发展新的增长点，是社会生产力的重要组成部分。公共文化服务承载着价值传承、宣传教育、公共服务、信息资讯、文化娱乐等多重任务，文化产业特性发挥得越好，上述任务才可能实现得越好。公共文化不可能脱离文化产业生产的文化产品。

（3）政府对公共文化供给的引导作用

在市场经济体制逐步完善的过程中，政府会逐步从一般性文化产业竞争领域中退出，从而出现“政府供给”与“社会供给”的分化趋势。在政府的参与下，部分混合性质的公共文化服务主体逐渐发展壮大，它们开始承接以往由政府独立行使的公共文化服务职能。在社会文化发展中，政府成为公共文化服务的管理主体，发挥着引导公共文化供给的作用，具体表现为以下四点。

第一，内容引导。政府通过积极引导参与公共文化的社会力量，旨在加快推进文化事业与文化产业的繁荣发展，增强我国文化在国际中的竞争力。政府需要以正确文化传播力为主要引导内容，努力增强主流媒体的影响力；同时，政府还需要不断发展壮大我国的文化产业规模，努力建设有核心竞争力的文化产品与品牌。当然，在此过程中，政府必须加大财政支出，建立健全相关政策扶持体系，努力提高公共文化的核心竞争力。

第二，政策引导。为促进公共文化服务体系建设，政府应制定科学合理的财政税收优惠政策，吸纳更多的社会资源参与进来。在综合考虑本国实际国情后，政府可以完善财政贴息贷款、政府担保及税收优惠等多种措施，激发社会力量参与公共文化服务供给的热情。此外，政府还可采取政府采购、委托生产、外包公共文化项目等手段，吸引包括非营利组织在内的各类社会力量，共同完成公共文化产品及服务生产过程，实现非营利组织之间、非营利组织同公益性文化单位之间的竞争，进一步提升财政资金使用效率。当然，政府也可以通过税收减免，激励各类社会主体参与供给公共文化服务；与此同时，引导企业生产符合政府预期的公共文化产品，激励企业生产更多的文化产品，以此降低文化产品价格，满足社会公众对文化产品的多元化需求。

第三，资金引导。政府以设立专项资金的方式，引导和带动社会资本投向文化产业领域，增强文化产业的自主创新能力与市场竞争力。对经济效益显著和社会效益显著的文化产业项目，政府应该积极引导和带动社会资本对其进行资金扶持。具体而言，政府需引导社会资本对重点文化产业示范基地、文化产业示范区等进行重建或转型；对具有地方传统特色的文化资源展开挖掘和利用；对具有示范和带动作用的文化企业进行技术改造升级；对影视、文学艺术、动漫、数字内容等主要文化产品进行生产；对外出口具有自主知识产权的主要文化产品或服务；等等。

第四，组织引导。政府应鼓励、引导社会资本在国家许可范围内建设各类公共文化设施，并提供各类公共文化服务。政府要发挥好组织引导作用，强化对社会文化供给部门的引导、监管，在经费、设施、场所、机构、人员上予以必要扶持，确保公共文化供给正常运行和职能充分发挥，引导社会文化机构细化功能定位，确定其服务目标、工作任务及职责，建立评估、激励、约束机制，促进使用效益提升。

公共文化服务供给的模式创新，并不是要丢掉政府承办社会公益文化的职能。公益文化政府办仍然是新形势下的一个基本原则，新时期公共文化服务供给改革的方向和目标并不表现为政府办公益文化的职能有什么变化，而是主要表现为以与市场体制相适应的新的方式方法，以创新的手段办好公益文化。其核心是通过广泛动员社会力量，形成发展公益文化事业的多元支持。

（4）引入“社会供给＋政府引导”的前提条件

在当前建设公共文化服务体系的历史条件下，要全面实现“社会供给＋政府引导”的公共文化服务供给模式无疑具有一定的理想性，要将这一模式落到实处不但需要相当长的时间，而且需要一些前提条件。

一是政府职能转变。政府由“管理型政府”向“服务型政府”转变，充分调动社会和市场的相关力量，使政府职能转到公共管理和公共服务上来。在此之前，“社会供给＋政府引导”的全面实现缺乏必要条件。二是充分发展的社会文化中介组织。在完善的市场经济体制下，社会文化中介组织在政府和文化行业之间发挥着重要的桥梁和纽带作用，承接政府提出的准公共服务和公共管理职能，承接政府交办、委托的公共服务和公共管理的任务。当前，由于我国文化领域中的社会中介组织发育不充分，“社会供给＋政府供给”的模式存在断裂带，无法正常运转。三是完善的法律框架。在“社会供给＋政府引导”供给方式下，各利益主体之间的利益关系将出现多元化、多样化和复杂化特征，缺乏完善的法律法规，仅靠行政命令和制度安排无法确保各方利益的实现和整个体系的有序运行。而当前文化法治建设严重滞后，从根本上制约了该模式的现实化。在上述三个条件还不具备的情况下，公共文化服务供给的“社会供给＋政府引导”很难在短时间内全面实现。

2. 建立有效的人民公共文化需求表达机制

政府在有限的财政预算下如何提供更多的公共文化产品和服务，是各级政府迫切需要解决的问题。政府从人民那里收税，将其纳入财政收入，因此人民是公共文化产品和服务的最终资助者。公共文化的进步取决于民众的需求，政府必须在公共文化供给中充分考虑人民的意愿。为了确定人民的公共文化需求，政府应该设计一套制度，包括表达、意见收集和社会评估等方面。这些制度需要经过公众决策程序来确认。

为避免权力寻租和文化偏见，政府机构应与具体的文化内容选择保持距离，而公共文化服务产品和服务的供给则通常需要由专业机构负责。关注民众需求，以合理的方式将公共财政资金投入公共文化领域。逐步建立文化绩效评价机制，以市场和群众评价为主要依据，以此为基础提供更高质量的文化产品和服务，并将此作为公共财政增加投入的重要依据。政府需要探索一种全新的模式来管理文化项目基金，该模式应该坚持公开、公平、公正的价值观。政府需要逐步改变现在仅依靠政府决策来确定文化项目的做法，合理采用专家评估和社会公开制度，以提升财政资金使用的透明度，使文化产品和服务在社会和经济方面相互促进，充分发挥其效益。

3. 创设国家主导的国家公共文化发展基金

为促进市场内公共文化产品和服务供给的流通、竞争与协调，政府应采取鼓励措施，建立文化创新平台，并设立国家公共文化发展基金。这些措施能为政府发展公共文化事业提供重要支持。

如今，国家公共文化发展基金已成为促进公共文化和民族文化内容建设与创新的常见策略。许多国家如美国、加拿大和英国等，通过设立公共文化发展基金来支持和推动本国民族文化的创新发展，其中包括国家艺术基金会、国家人文基金会等机构。这种做法可以填补市场资源分配存在的“沟壑”，同时也可以弥补政府的失灵。我国政府可以通过成立国家文化发展基金，提升对文化创意领域的支持和投资能力。

中央公共文化服务资金的审批分配责任，主要由国家公共文化发展基金承担。该基金通过自愿申请、专家评估的行政审批或商洽协议的行政许可等方式，把公共文化服务资金拨给国家、地方以及各类民间社会组织。这一流程使得国家公共文化资金的分配方式由行政拨款制转变为基金制。目前，不仅财政部门向公共文化服务部门提供指定资金拨付，而且国家文化发展基金也面向全国公共文化服务机构的申请者和运营者敞开大门，这样一来，公共文化服务机构之间在国家公共文化资金分配上竞争的机会更加公平，实现了保障机制的目标。

关于公共文化管理制度，国家成立了公共文化发展基金，旨在引入公平和民主的概念，对公共文化资金的分配制度进行改善。借助契约机制，国家公共文化发展基金的分配方式可以推动供需双方就立项达成商议，从而使得这一制度的正义性得到了程序性的认可，这将有助于在公共文化服务机构与国家公共文化行政部门之间建立全新的联系，进而推动国家公共文化政策更加普及和有效实施。

由国家主导的公共文化基金，主要将促进国家和全社会的文化创新作为重点资助领域。也就是说，国家主导的公共文化基金将重点支持公益性文化艺术行业，扶持文化从业者群体，以及促进文化创意项目在文化产业范围内的发展。

第三节　政府公共文化的政策供给和绩效管理

一、政府公共文化政策供给

随着国家对文化建设认识的深化和文化建设发展格局的确立，我国有关公共文化建设的国家规划、部门政策不断出台，初步形成了公共文化政策体系。一是国家宏观层面的政策规划。党的十六大明确了“文化事业”与“文化产业”二元格局，提出国家要支持和保障公益性文化事业发展，明确了文化事业的公益性定位。之后，历年政府工作报告都辟有文化建设的相关板块，提出文化建设的基本任务和重点领域。与此同时，有关文化建设的专门规划也相继出台，提出了相关发展蓝图和政策措施。二是部委中观层面的支持保障政策。2017 年 3 月，首部公共文化的综合性法律——《中华人民共和国公共文化服务保障法》颁布实施。至此，我国初步建构起了从宏观的国家规划和指导意见到微观的政策措施和实施细则的政策体系，为公共文化建设起到了重要的推动和保障作用。三是地方性政策的跟进。依据国家和中央部委的要求，各地结合当地实际出台了相应的政策措施。例如北京市于 2015 年出台了“1+3”公共文化政策文件，统筹设置基层公共文化设施和资源，构建“15 分钟文化服务圈”。

公共文化政策属于公共政策范畴，具有对文化发展的引导、调控和分配的功能。我国现有的文化政策体系虽已初步形成，但有关公共文化建设的指导意见、方针政策未能上升为国家意志，现有政策也多为部门的行政规章和管理条例，国家层面涉及文化建设的法律较少，这在一定程度上影响到政策的权威性和效能。法律具有权威性、平等性、普遍性和适用性，以法律形式确定国家发展公共文化的基本政策，明确各级政府、文化事业单位、公民社会组织、社会大众等的法律地位、权力与责任、权利与义务；通过法律法规来调整文化关系、保护文化发展环境、促进文化事业发展，是实现国家公共文化建设制度化、常规化的基本前提，也是政府政策调节效能的重要保障。在统一、规范的法律尚未颁布实施之前，各级政府需倚重经济社会发展的规划，按照“重视城乡、区域文化协调发展”要求，统筹均衡规划，优化资源配置，形成适度向农村、基层倾斜的公共文化服务体系。

公共文化建设的相对滞后，意味着在国家战略部署和整体规划下，需要通过一系列引导性和扶持性政策措施加以推进：一是文化投入支持政策。公共财政的支持力度，关系到公共文化服务体系的可行性、稳定性、现实性和长效性，决定着公共文化服务体系的存在命运与发展效果。公共文化事业发展，需要在财政能力均衡的基础上，形成稳定增长的财政保障机制，确保文化建设的财政投入适应文化发展的现实需要。二是文化设施建设政策。文化基础设施是开展公益性文化活动和群众文化活动的基本依托，各级政府要把文化设施建设纳入城乡一体化总体规划，纳入“五大建设”的整体预算，通过建设资金、建设用地、建设项目的合理规划和政策保障，形成以标志性文化设施为抓手、惠民性文化设施为主体，面向基层、深入城乡的公共文化设施体系。三是文化服务的促进政策。公共文化服务的发展，需要公共财政支持，但在投入方式上可适度吸纳市场机制，根据公共文化服务项目的特点，恰当选择以政府采购、政府补贴作为政策手段，通过服务外包、委托生产、合作供给等方式，提高公共文化服务效能。四是文化扶贫政策。2013 年国家实施了教育扶贫工程，通过加强教育基础设施建设等措施，保障连片特困地区的青少年接受文化教育，提高职业技能。五是文化供给的适度民营化政策。依据公共文化服务项目的性质与特点，在保证公益性的前提下，在政府供给、市场供给、志愿供给等方式之间进行合理选择，通过有秩序、有差别的分工合作，实现公共文化产品的高效供给。

二、政府公共文化绩效管理

公共文化绩效管理体系是一套系统，主要用于评估公共文化服务体系的有效性、服务效果和运行效率，以促进公共文化服务体系自我调整、自我修正和自我改进。通过构建科学合理的公共文化绩效管理体系，政府可以实现将文化行政模式从管制型转变为服务型，以满足公民对于文化权利和文化生活质量的现实需求。

从发达国家和地区的实践经验来看，公共文化行政部门的绩效评估和管理大致经历了几个不同的阶段，包括“财务导向”“目标导向”“战略导向”等，具有制度化、法律化、规范化和多元评估主体等显著特点，同时，更加注重公民参与评估的过程。近年来，我国不断加强公共文化服务体系建设，政府对于公共文化服务的绩效评估和管理日益重视。中共中央办公厅、国务院办公厅联合印发的《关于加强公共文化服务体系建设的若干意见》强调，政府应该根据不同公共文化服务机构的特点，如图书馆、博物馆、文化馆和乡镇综合文化站，制定相应的建设标准和服务标准，并强化绩效评估工作。

我国政府应通过构建和完善公共文化服务体系，确保公民文化权益得到保障，并满足公众文化需求，这应该作为公共文化服务体系绩效管理的最高准则和行动指南。具体来讲，公共文化服务体系的绩效评估，就是要看其是否使公民得到充分的文化参与权利，是否对创造的精神或物质上的艺术成果进行保护，是否提高公民的文化素养，是否塑造公民的人格、提升国家精神。

公共文化服务的绩效评估作为改善公共文化服务供给体制、优化公共文化资源配置、提高公共文化服务供给能力和质量的有效工具，应当建立在公共行政的公平与效率价值准则之上。公共文化服务的"效率"指的是公共服务的投入与产出的转化关系，包括"生产效率"和"配置效率"两个方面。随着"新公共服务"运动的兴起，使不同社会阶层和社会群体获得一致的公民权利成为公共管理的重要议题，也成为公共服务绩效评估的重要价值维度。公共文化服务的"公平"原则强调必须使所有的群体和个人享受公共服务的"底线完全平等"。在公共文化服务的公平与效率准则的优先顺序上，应当主张"公平优先，兼顾效率，并努力用最有效率的方式去追求公平"。①

在明确绩效管理价值准则的基础上，应该根据公共文化服务体系建设的关键影响因素，合理选择绩效的基本维度。通过评估维度的区分，可以使评估项目更加全面、评估层面更加有条理、评估标准更具有可行性。依据我国公共文化服务体系的建设目标，借鉴学术界既有的理论探索，我们提出公共文化服务的绩效评估应重点从财政投入、发展规模、社会参与和公众满意度等4个方面展开：①财政投入。充足而稳定的经费投入，是公共文化发展的基本保证。政府财政投入及其使用情况是绩效评估的主要内容。在一些发达国家和地区，政府公共财政投入及其使用情况是公共文化服务绩效评估的首要内容。②发展规模。公共文化服务依赖于一定规模的设施、载体和活动。公共图书馆、群众艺术馆、文化站等公共文化设施及其配套资源的状况，是衡量公共文化发展规模的主要方面。③社会参

① 陈昌盛，蔡跃洲．中国政府公共服务：基本价值取向与综合绩效评估［J］．财政研究，2007（6）：20—24．

与。公共文化服务项目和活动，既需要政府部门，也需要社会力量的参与，这是公共文化服务社会化和市场化的问题。公共文化服务是否符合人民群众的需要，可以从人民群众的参与程度，如图书借阅次数、观看艺术演出或展览的人数及次数予以测度。④公众满意度。发达国家公共文化服务绩效评估最直接的办法，就是以问卷的形式调查了解公众的满意度。

选择这一维度，能更好地体现公共文化服务“以人为本”、保障和实现公民文化权利、促进人全面发展的基本宗旨。在明确评估基本维度的基础上，可以分解形成评估的指标体系。评估指标的选择和确定，关系到评估工作的有效性和可靠性，关系到考评结果的客观性、准确性。

公共文化建设的绩效管理，需要建立科学有效的绩效考评机制。推进基层公共文化发展，需要建立公共文化服务的绩效考核机制，明确规定对政府官员问责的内容范围和基本方式，做到内容上有安排、考核上有指标。但我国目前的基层文化建设绩效考评机制，依然是计划体制下单一的自上而下的考评机制，这种考评机制只对上负责而不对下负责，容易诱发文化建设中的“政绩工程”和“形象工程”，忽略了人民群众作为受众的需求和感受，无法体现人民群众对文化服务的满意程度。为此，应该在基层文化建设之中建立科学的评价考核机制，恰当“嵌入”人民群众的参与机制，形成自上而下的考核问责机制和自下而上的公众监督机制的有机结合。[①] 实行评估制度设定与评估过程实施的分离，政府主要负责评估程序的制定、评定行政绩效奖惩等制度性工作；评估过程实施、评估方法选择等交由专家学者和人民群众代表等组成的第三方机构完成。

公共文化建设的绩效管理，需要建立动态式管理机制。一方面，建立政府的文化信息公示制度、公共文化行政问责制度，公益文化事业单位的服务问责制度，群众文化需求的表达机制和反馈回应机制等，维护基层群众的知情权、表达权、监督权和评议权，加强对基层政府和文化服务机构的监督约束。同时，政府部门应通过绩效评估、运营审计、服务问责等方式，加强对公益性文化服务机构等主体的监督管理。另一方面，建立绩效关联制度和绩优奖励制度，将公共文化服务绩效评估与政府行政效能的测评、政府官员政绩考核联系起来，构建有效的激励

① 吴理财，张良．乡村治理转型视域下的文化体制改革 [J]．社会主义研究，2012 (5)：72—76．

约束机制，使绩效评估成为提升公共文化服务指数的有效手段，实现公共文化服务体系绩效管理的最终目的。

第四节　政府购买公共文化服务探索

一、政府购买公共文化服务的概念

当前国内外对政府购买公共文化服务的表述方式不尽相同，有的称为“公共服务合同外包”，有的称为“公共服务购买”。保罗·萨缪尔森（Paul Samuelson）指出，政府购买公共服务是将本来由政府负责的相关服务工作交给相关的文化部门或机构来实现，并根据这些机构、部门具体的工作情况支付一定的服务费用[①]。萨瓦斯（Savas）认为，政府购买公共文化服务体现了政府职能的专业性与针对性。政府主动与第三方组织进行协商，就如何购买和提供公共文化服务达成共识，通过签订承包合同，明确双方职责，由政府提供资金，向第三方组织购买优质文化服务[②]。学者李山认为，政府购买公共文化服务就是政府以市场机制与社会机制为纽带，建立起与市场、社会的伙伴合作关系，实现公共文化服务多元化供给，满足公民公共文化需求，保障公民文化权利的公共行动。[③]王浦劬认为，政府购买公共文化服务是按照市场机制和社会机制的要求，把政府直接向社会公众提供的基本公共文化服务事项，采取项目竞投标、委托运营管理、承办等方式交由社会力量生产和承担，由此实现公共文化产品和服务的优质化供给，保障公民的基本文化权利[④]。

此外，还有许多学者提出了不同的概念观点，虽然各学者的表述有所不同，但他们在政府购买公共文化服务的内涵上几乎都认为政府购买公共文化服务就是

① 顾平安．推进政府公共服务的合同制管理［J］．理论前沿，2008（18）：25—26．

② Bachmann R，Bai H J．Politico—economic inequality and the comovement of government purchases[J]．Review of Economic Dynamics，2013，16（4）:565—580．

③ 李山．政府购买公共文化服务的现实困境与改革路径［J］．湘潭大学学报（哲学社会科学版），2014，38（5）：25—29．

④ 王浦劬．政府向社会力量购买公共服务的改革机理分析［J］．北京大学学报（哲学社会科学版），2015，52（4）：88—94．

整合政府、市场和社会各自的优势，三方建立起协同合作的模式，多层次、多样化地满足公民日益增长的文化需求。政府购买公共文化服务通过引入社会力量参与，不仅可以使政府摆脱具体“划桨”中的琐事困扰，专注于“掌舵”中的宏观政策调控，促进政府由管制型向服务型转变、由无限责任向有限责任转变，还可以为文化社会组织提供发展空间、政策指导与资金支持，进而增加公共文化服务供给存量，完善政府购买公共文化服务的体系网络。

目前国内学者对政府购买公共服务的观点存在着两种分歧，即政府购买公共服务究竟是市场化还是社会化的表现，是否将市场化和社会化等同。一种观点认为政府购买公共服务是公共服务市场化的行为，公共文化服务的承接主体既可以是企业，也可以是文化类社会组织。另外一种观点则把公共服务中的民营化、社会化进行了区分。如赵子健等专家的观点区分市场化和社会化的方式，是看服务提供者（政府）、生产者（企业或社会组织）和消费者（公众）之间的关系。市场化是通过打破垄断发挥市场机制，以竞争促效率，从而提高公共服务供给的质量。而社会化的观点则强调通过构建环境、配置资源等各种方式来推动供给者、生产者和消费者之间的合作关系，通过协商等方式降低成本压力，在最少投入的同时获取最大的社会满意度。

公共服务市场化是公共服务社会化的狭义概念，社会化包含但不限于市场化。市场化强调资源配置的机制和过程，而社会化则更着眼于治理方式和治理结构的构建。政府购买公共文化服务，是政府部门同相关企业、文化类社会组织等主体之间就公共文化服务开展的契约化购买行为，其本质是将竞争机制引入公共文化服务的供给，以提升服务效率为目标导向。政府购买公共文化服务是公共文化服务市场化的体现，更是公共文化服务社会化的实现途径。

二、政府购买公共文化服务的范围

目前在我国政府购买公共文化服务具体的社会实践过程中，最为普遍的是公共文化基础设施委托管理和营运、相关文化活动的举办、公共文化服务相关岗位的购买和政府购买公共文化服务监督评估与决策咨询这四种形式。随着各地政府的实践日益增多，政府购买公共文化服务的内容也日益丰富多元。2015 年国办发〔2015〕37 号文件《国务院办公厅转发文化部等部门关于做好政府向社会力量购买公共文化服务工作意见的通知》中发布了《政府向社会力量购买公共文化服务指导性目录》，包含公益性文化体育产品的创作与传播、公益性文化体育活动的组织与承办、公共文化体育设施的运营和管理、民办文化体育机构提供的免费或低收费服务等共五大类38项内容。2017年，文化部发布的《文化部向社会力量购买公共文化服务指导性目录》中又增加了对外和对港澳台文化交流活动的组织与承办、文化宣传品的设计制作和运输、文化人才队伍培训等内容，进一步扩大和丰富了政府购买公共文化服务的范围。地方实践方面，政府针对辖区内的实际情况和现实需求，因地制宜地增加了一些政府购买公共文化服务的内容，如北京市在政府购买目录中增加了文物和博物馆领域的政府购买项目。

三、政府购买公共文化服务的方式

从政府购买公共文化服务的方式来看，受到各国文化发展现实情况的影响，当前国内外政府服务购买选择的方式有所不同，但主要是通过公私合作、合同承包等方式开展。图书馆外包是许多国家政府购买公共文化服务的一种具体模式，在该方面也取得了一定的研究成效。国外许多学者认为政府提供的服务外包合同存在风险。凯特尔（Keitel）指出政府监管下的市场行为存在各种缺陷，随着各种缺陷的积攒，要实现注重效率的政府购买行为会更加困难。在决定将服务外包或私有化服务之前，公共部门要对承包服务的私营部门是否存在、稳定和可靠，内部和外部服务提供者的相对成本，公共部门是否具备监管私营部门的能力等指标进行认真的考量和评估。此外，还应当明确承包的标准和细节，具体包括任务的细分、具体流程的规范、成本的估算、绩效标准的确定、监控的要求以及竞争机制的完善等。

国内学者李军鹏通过对国外政府购买公共服务30年历程的总结，对政府购买公共服务的具体范围、基本方式进行了摸索，总结了政府购买公共服务典型模式的主要方式，包括合同外包（在政府付费的情况下引入市场机制）、公私合作（政府与企业和其他社会力量联合生产公共服务的模式）、政府补助（政府对生产者实施补助）、凭单制（消费服务券或代用券）。[①] 周兰翠认为，体制内项目购买

① 李军鹏．政府购买公共服务的学理因由、典型模式与推进策略［J］．改革，2013（12）：19—21．

(建立起政府内部竞争性虚拟市场)、服务外包制、政府特许经营制、委托代理制、采购配送制是目前我国积极探索政府购买公共文化服务的主要实践形态。[①]张心怡指出，我国政府购买公共服务的主要方式包括合同外包、特许经营、用者付费、补贴制度四种形式。[②]

四、政府购买公共文化服务效能提升策略

提高政府购买公共文化服务效能，并非立即就能完成的工作任务，而是需要经过长期地不断调整、完善，从中汲取相应经验，以达到更完美的目标。

（一）保障资金投入，管理政府成本

资金投入是助推文化事业发展的有效措施。在政府购买模式下，要想保障公共文化服务项目顺利实施，就必须投入相应的资金。换而言之，无论是政府购买公共文化服务、保障公共文化设施建设，还是开展公共文化活动，都需要获得资金投入保障。因此，政府资金投入和社会资金投入就显得尤为重要。

1. 落实购买文化服务专项资金

政府财政支持是满足公众多元文化需求的必要前提。现阶段，我国各地省市级政府部门都在积极响应政策号召，设立专项资金以用于购买公共文化服务。但限于某些原因，部分（区）县级政府尚未落实该项政策。为加快落实政府购买公共文化服务工作政策，（区）县级政府需要完善专项资金设立流程，并将专项资金纳入财政预算范畴，保障政府购买公共文化服务的资金投入。同时，（区）县级政府需要对专项资金使用情况进行严格管理。政府在确定和实施购买公共文化服务之前，必须综合考虑地方经济发展状况，确保购买公共文化服务工作更具合理性和科学性。此外，政府在确定购买公共文化服务项目的承接主体时，应综合考虑该承接主体的承接能力、服务水平等，并相应考虑该承接主体所报价格是否符合政府购买预期。可以预见的是，政府一旦转交公共文化服务项目，即由社会组织负责承办公共文化服务项目，那么就会出现部门人员缩减情况，此时，政府

① 周兰翠．政府购买公共文化服务：理论逻辑与实践形态 [J]．地方财政研究，2014 (4)：33—35．

② 张心怡．关于上海进一步健全政府购买公共服务的研究 [D]．上海：复旦大学，2012．

就需要妥善处理人事变动问题，及时调整相关人员的工作任务，使每个人都能在正确的职位上充分发挥自己的能力，避免虚耗人力和财务资源。

2. 拓展多元化的资金来源渠道

虽然政府承担着提供公共文化服务的责任，但这并不意味着政府只能使用政府拨款作为购买公共文化服务的资金来源。因此，政府在保证财政投入力度的同时，也要适度引入相应的社会资本。为实现购买公共文化服务的资金来源渠道更加多样化，政府需要做好以下两方面的工作。

一方面，吸引企业资本注入。当然，这需要政府考虑企业的相关利益，从而创造双方的利益共赢。为此，政府可以采取两种措施：一种是扩大政府购买公共文化服务的影响力，通过包装企业赞助的项目和宣传企业赞助的文化活动，拓宽企业品牌宣传渠道，提高企业知名度，使企业能在社会中树立良好的形象；另一种是采用财政税收优惠政策，增强企业参与信心和参与度，促进企业资本向公共文化服务领域投入。

另一方面，鼓励社会募捐。政府需要持续加强政策引领，完善社会募捐渠道，做好社会募捐保障机制建设工作，增强社会公众踊跃参与社会公益文化事业的信心和热情。政府应将社会募集的资金用于社会公共文化服务建设中。

（二）借助社会力量，提升服务能力

政府购买公共文化服务的效能取决于自身的服务能力。开展社会公共文化服务工作，政府应从加强自身管理出发，并充分利用社会组织力量，严格监管自身购买行为和服务提供过程。此外，政府需要积极扶持文化类社会组织，提升该类社会组织的服务能力和专业水平，更好地满足社会公共文化服务需求。

1. 内外合力提升监督能力

对于政府而言，其必须明确所涉及的各部门的权限职责，以确保政府购买文化服务的行为，在评估和考核中得到充分考虑，避免出现弄虚作假、贪污腐败、违法违规等不当行为。政府也可以与财政、监察等部门携手合作，发挥政府内部监督的作用，对购买（公共文化服务）程序及评价社会组织是否遵循公正客观原则，进行严格监督管理。

借助外部力量实现全过程监督管理，政府需要做好以下三方面工作：第一，

加强社会公众、媒体等的监督力量。具体来说，政府应该积极引导社会公众和媒体的关注度，提高社会公众和媒体对监督政府购买公共文化服务工作的认识，鼓励社会公众和媒体积极参与对政府购买公共文化服务工作的监督。当然，政府也应拓宽社会公众监督的渠道，按照规定及时定期公开相关信息，并保证数据、资金流向等信息具体明晰。政府还可以将相关信息在互联网平台及线下展示渠道定期公开展示，使社会公众能够全面了解公共文化服务购买进展情况，以便进行监督。第二，邀请相关领域的专家进行监督。具体来说，政府通过邀请相关领域的专家，实现对购买公共文化服务过程的决策、评审和绩效评估。第三，积极发挥社会第三方机构的监督力量，具体包括会计师事务所、审计事务所等第三方机构。政府可以通过雇佣或邀请等方式，鼓励社会第三方机构积极参与监督政府公共文化服务购买工作，以此体现监督的公正性。政府应该及时受理社会各界的举报、问责和投诉，在第一时间向社会机构组织或个人作出合理的解释或答复。

2. 注重培育提升专业能力

加强对文化类社会组织的培育力度，从而使“政府职能转得出，服务承接接得住”①。这表明，政府不仅要做好购买公共文化服务工作，而且还要做好培育和提升文化类社会组织服务能力和专业水平的工作。例如，政府可广泛挖掘具备公共文化服务建设能力的人才，并认真采纳其所提出的意见或建议。再如，政府还可通过与高等院校或社会组织建立长期合作关系的方式，制订和实施“订单式”人才培养计划，确保非遗文化项目及濒临消失的文化得到传承和保护。政府需要同时考虑文化类社会组织的差异性和层次性特征，根据文化类社会组织的信息能力和需求设计，完善课程培训内容。政府也可以按照分层级培育的方式，为不同的文化类社会组织设定有针对性的培育目标。具体来看，政府需要对那些在初期发展困难的文化类社会组织进行培育，使其具备政府购买承接资格的能力；同时，政府还需要针对那些已经具备政府购买承接资格的文化类社会组织进行培育，以逐步提升它们的服务能力及专业水平，并使其成为优先享有承接资格的社会组织。

（三）丰富服务类型，提高服务效率

为满足公众多元化的文化需求，政府应该考虑增加各种类型的服务。具体而

① 财政部科研所课题组．政府购买公共服务的理论与边界分析 [J]．财政研究,2014 (3)：2-11．

言，政府应重点考虑公众对文化的多元化需求情况，将其作为更新完善政府购买目录的依据，从而为后续开展购买公共文化服务工作提供指导。此外，政府需要加强对公众文化需求的敏感度，当公众的文化需求表达不够充分时，政府应通过提高辨识能力，确保准确识别公众的文化需求。

1. 细化政府购买文化服务目录

2015 年，《关于做好政府向社会力量购买公共文化服务工作的意见》及其附设的《指导性目录》正式颁布实施。其中，《指导性目录》对政府购买公共文化服务的具体内容及涵盖范围进行了规定。现阶段，我国地方政府仍采用较为同质化的公共文化服务购买目录，缺乏富有针对性的公共文化服务项目，无法有效地为后续公共文化服务建设与发展提供实质性指导。面对这一现状，地方政府应该进一步细化和完善公共文化服务购买目录，优化地方公共文化服务购买内容及范围。具体可参考如下三点。

第一，地方政府要按照《指导性目录》的规定，同时考虑地方经济发展实力和财政分配情况，科学合理地调整公共文化服务购买目录。第二，地方政府应结合资源状况和政策法规等因素，综合评估购买公共文化服务的成本，并分析其实施的可行性，通过细化公共文化服务购买目录，进一步满足社会公众的多元文化需求。第三，地方政府应重点关照弱势群体（如儿童、老年人等）的公共文化需求，推出具有服务特色的公共文化项目，确保弱势群体的公共文化需求能够得到满足。在面向不同群体推出各类公共文化服务项目时，地方政府需要展开针对性的方案分析，即形成具有侧重点的服务内容和服务形式。举例来看，地方政府可为儿童提供配套的基础教育资源及相关服务，如少儿动画、科普知识、智力游戏项目等。

2. 深度挖掘公众公共文化需求

目前，我国部分社会公众仍缺乏文化需求表达意识。为此，我国政府应当积极主动地促进公共文化服务供给与公众文化需求有效对接，拓宽社会公众文化需求表达渠道。为进一步了解社会公众文化需求，政府应该利用多种调查工具及使用多种调查方式。

政府既可以通过线下调研，如实地考察、深入基层等，通过与社会公众展开面对面交流，获取更为全面的信息；也可以运用数据技术分析社会公众文化需求，提高获取信息效率和准确性。

（四）优化竞争环境，维护社会公正

在公共文化市场竞争激烈的环境中，积极调动和激发社会力量参与公共服务供给的热情，是促进公共文化发展的关键。

1. 完善市场竞争制度

构建公平竞争的公共文化市场环境，关键在于能否建立健全公平竞争制度。现阶段，涉及政府购买公共文化服务的法律制度主要是《中华人民共和国政府采购法》（以下简称《采购法》），该法针对政府购买公共文化服务的方式、流程及应承担的法律责任等，均作出明确规定。可以说，《采购法》的颁布实施，为社会组织机构平等参与政府购买活动提供了必要的保障。然而，受文化服务的独特性质影响，《采购法》并非广泛适用于各个领域。基于此，我国各级政府应以现有的法律法规和相关政策文件为基础，不断调整和优化市场竞争制度，确保公共文化市场竞争的公正性和透明度。具体来看，包含以下两点。

第一，为确保政府购买领域的竞争公平性，各级政府需要建立与之配套的负面清单制度，避免出现不合理或带有歧视性的准入门槛；同时，针对发布时效性差、不完整的招标信息，各级政府应将其纳入负面清单，并面向社会进行公示，从而构建公平有序的市场竞争环境。

第二，各级政府应根据区域文化发展特征，及时调整公共文化市场竞争制度，并针对影响和阻碍公共文化市场公平竞争的规定，进一步作优化或废除处理。此外，各级政府应建立完善的制度漏洞补救措施，确保公共文化服务购买过程顺利进行。当然，由各级政府颁布实施的公共文化市场竞争法规制度，必须贯彻落实上级政府的购买服务文件精神。

2. 搭建政社沟通平台

政府在面向文化类社会组织公开招标时，不可避免地会出现各文化类社会组织共同竞争的情况。对此，政府需要着力保障信息公开的透明度，这是进一步增进政社沟通和促进服务项目竞标有序化、公平化的条件。目前，我国政府主要通过政府门户网站、政府采购信息平台公开发布招标信息，这就造成招标信息难以及时被各文化类社会组织所知晓，从而形成政社信息不对称的局面，最终影响政府与各文化类社会组织的合作。由此可见，各级政府有必要搭建并完善政社沟通平台，提高政社互动效率。

各级政府可以探索建立社会组织项目合作平台。也就是说，如果政府需要以购买服务的方式行使职能，那么其就可以通过社会组织项目合作平台，发布寻求合作的项目招标信息，以此共同推进公共文化服务项目建设进程。而对于文化类社会组织而言，其可以借此平台及时了解政府招标需求，根据自身所能提供的公共文化服务情况，按照政府提供的渠道发送合作申请。各级政府部门与社会类文化组织之间展开的交流与互动，是加强文化资源整合力度、推进公共文化服务项目建设的有力保障，也是提高公共文化服务质量的必要条件。此外，各级政府还可以探索建立服务于社会组织的信息沟通平台。信息沟通平台既用于推动政府和社会组织开展项目合作，又用于增进政府同企业、社区及公众的沟通交流。无论是合作平台还是沟通平台，各级政府都能从中获得所需信息，这些信息是政府全面认识、了解社会组织及公众需求的关键，能为实现公共文化服务供给提供必要保障。

总之，搭建政社沟通平台，是在进一步合理分配社会公共文化资源的基础上，顺利推进社会公共文化服务项目建设的体现。

（五）加大宣传力度，提高公众满意度

目前，我国政府在推动公共文化服务建设过程中，主要包含购买、管理和服务供给三种方式，缺少必要的宣传方式。实际上，宣传是提升政府购买公共文化服务效能的最佳方式。因此，政府既需要从加大政策宣传力度入手，使公众了解有关政府购买公共文化服务的政策；同时，也需要从加强服务信息宣传力度入手，为社会公众积极主动参与公共文化服务建设进程提供渠道。

1. 加大政策宣传力度

为深入贯彻和落实政府购买公共文化服务政策，政府必须寻求获得社会公众的认可。各级政府应做好舆论宣传和引导工作，针对有关政府购买公共文化服务的政策展开详细解读，以此提高社会公众参与度，为开展后续购买公共文化服务的工作提供保障。

首先，政府应该通过广泛宣传，使文化类社会组织了解和认可政府购买公共文化服务的政策。其实，我国政府早在 2016 年就颁布并实施了《关于通过政府购买服务支持社会组织培育发展的指导意见》，其中就有关于支持社会组织承接政府购买服务的规定。因此，政府可通过交流会、宣讲会、专家讲座等渠道，加

大对政府购买公共文化服务的政策宣传力度，积极引导、鼓励和支持文化类社会组织承接政府购买服务工作。

其次，政府更要通过广泛宣传，使社会公众更加认可政府购买公共文化服务的做法。政府可通过政务平台、新闻门户网站等线上宣传渠道，或通过社区宣传栏、公交站牌等线下宣传渠道，线上线下多措并举，推动政策宣传贯彻到位，使社会公众深入理解政府购买公共文化服务的目的、理念和服务内容等，增进社会公众对政府购买公共文化服务公众的认可度和参与度。

2. 加大服务宣传力度

除了做好必要的政策宣传工作之外，政府也应加强对服务信息的宣传工作，破解政府公共文化服务供给与社会公众文化需求不对称的矛盾。

具体来看，政府有必要向公众和社会组织宣传关于政府购买公共文化服务的政策，使公众和社会组织及时获取关于政府购买公共文化服务、活动和产品等的信息，推动公众和社会组织积极主动参与其中。政府开展服务宣传的渠道主要分为两种：一种是传统的宣传渠道，即政府主要通过电视、广播、报刊等传统媒介工具进行宣传；另一种是网络宣传渠道，即政府可通过新闻门户网站、视频平台或社交软件等进行宣传，如政府可以利用微博等社交软件，编排图文并茂或观赏性极佳的视频，为公众和社会组织传播包含内容、主题、时间、地点、参与方式等的多种服务信息，充分体现“互联网 + 文化”的宣传优势，使公众和社会组织理解政府购买公共文化服务的做法，推动政府购买公共文化服务的信息走进社会各个角落。

此外，政府还可开设线上反馈渠道，公众和社会组织即可通过政务服务网站，或是其他新闻门户网站反馈需求信息，这是增进政社沟通交流机会的有效方式，也是进一步优化政府购买公共文化服务政策的有效措施。

参考文献

[1] 万俊人. 现代公共管理伦理导论 [M]. 北京：人民出版社，2005.

[2] 袁政. 公共管理定量分析方法与技术 [M]. 重庆：重庆大学出版社，2006.

[3] 唐娟. 政府治理论 [M]. 北京：中国社会科学出版社，2006.

[4] 王浦劬，萨拉蒙. 政府向社会组织购买公共服务研究：中国与全球经验分析 [M]. 北京：北京大学出版社，2010.

[5] 温来成. 现代公共事业管理概论 [M]. 北京：清华大学出版社，2007.

[6] 陈瑶. 公共文化服务：制度与模式 [M]. 杭州：浙江大学出版社，2012.

[7] 张玮玲，崔娜. 公共文化服务理论与实务 [M]. 银川：宁夏人民出版社，2014.

[8] 黄明涛. 公民文化权研究 [M]. 北京：中国政法大学出版社，2015.

[9] 刘辉. 文化治理：公共文化服务的中国故事研究 [M]. 北京：高等教育出版社，2017.

[10] 蔡礼强. 政府向民间组织购买公共服务研究报告 [M]. 北京：社会科学文献出版社，2011.

[11] 曹海林，任贵州. 乡村治理视域下的公共文化服务：功能定位与实践路向 [J]. 南京农业大学学报（社会科学版），2022，22（3）：75−83+184.

[12] 何义珠，祝黎丽. 公共文化服务概念、功能演化：从“福利”到“治理”[J]. 图书馆，2022（3）：22−27.

[13] 陈建. “中心—边缘”：城乡公共文化服务治理模式及其优化 [J]. 图书馆，2022（3）：28−33.

[14] 翟小会. 基于文化治理理论的“三维”公共文化服务绩效评估框架构建研究 [J]. 领导科学，2020（22）：57−61.

[15] 徐鹤，黄河．文化治理视角下的县域公共文化服务——以金乡县为例 [J]．人文天下，2020（19）：8–11．

[16] 侯雪言．政府治理创新：数据治理促进公共文化服务体系效能提升研究 [J]．领导科学，2020（18）：35–37．

[17] 梁立新．跨域治理视角下连片特困地区公共文化服务研究 [J]．哈尔滨师范大学社会科学学报，2020，11（4）：33–38．

[18] 张磊．城市社区公共文化服务体系完善路径研究——基于多中心治理视角 [J]．学会，2018（8）：13–19．

[19] 陈世香，苏建健．复合治理、发生机制与创新策略：城市街区公共文化服务模式创新的个案分析 [J]．湖北社会科学，2018（3）：66–73．

[20] 翟小会．需求管理、文化治理与基层公共文化服务体制创新 [J]．学习论坛，2018（5）：78–83．

[21] 李恬．多中心治理视角下周村区公共文化服务供给研究 [D]．济南：山东大学，2021．

[22] 朱卉．S 市 G 区政府购买公共文化服务困境及治理对策 [D]．苏州：苏州大学，2021．

[23] 关欣．协同治理视角下县域公共文化服务社会化供给研究 [D]．武汉：华中科技大学，2021．

[24] 许俊仁．多元治理视角下的农村公共文化服务供给研究 [D]．苏州：苏州大学，2020．

[25] 蒙登干．农村公共文化服务供给碎片化的整体性治理研究 [D]．长沙：湖南大学，2020．

[26] 蔡传娇．协同治理视域下寿县农村公共文化服务供给研究 [D]．合肥：安徽大学，2020．

[27] 胡艳蕾．社区公共文化服务合作治理：逻辑、冲突、动力 [D]．天津：天津大学，2019．

[28] 张娜．协同治理视角下农村公共文化服务供给问题研究 [D]．济南：山东师范大学，2019．

[29] 张天驰．协同治理视角下县级政府公共文化服务供给机制创新研究［D］．湘潭：湘潭大学，2019．

[30] 黄冬季．城市社区公共文化服务的治理逻辑——基于 IAD 框架的研究［D］．武汉：武汉大学，2019．